Bem-aventurados os pobres em espírito, pois deles é o Reino dos céus.

Bem-aventurados os que choram, pois serão consolados.

Bem-aventurados os humildes, pois eles receberão a terra por herança.

Bem-aventurados os que têm fome e sede de justiça, pois serão satisfeitos.

Bem-aventurados os misericordiosos, pois obterão misericórdia.

Bem-aventurados os puros de coração, pois verão a Deus.

Bem-aventurados os pacificadores, pois serão chamados filhos de Deus.

Bem-aventurados os perseguidos por causa da justiça,
pois deles é o Reino dos céus.

Bem-aventurados serão vocês quando, por minha causa, os insultarem, os perseguirem e levantarem todo tipo de calúnia contra vocês.

Mateus (5:3-11)

A receita de Jesus para uma vida mais feliz

Transforme o seu dia-a-dia com a mensagem divina do Sermão do Monte

Davidson Freitas
Elcemar Almeida
Frei David
Guilhermino Cunha
Jorge Linhares
Jr Vargas
Lucas Ribeiro
Noélio Duarte
William Douglas

A receita de Jesus para uma vida mais feliz

Transforme o seu dia-a-dia com a mensagem divina do Sermão do Monte

Thomas Nelson Brasil

Rio de Janeiro
2009

Editor responsável	*Nataniel dos Santos Gomes*
Supervisão Editorial	*Clarisse de Athayde Costa Cintra*
Produtora Editorial	*Fernanda Silveira*
Capa	*Valter Botosso Jr*
Copidesque	*Norma Cristina Guimarães Braga*
Revisão	*Margarida Seltmann*
	Cristina Loureiro de Sá
	Joanna Barrão Ferreira
Projeto gráfico e diagramação	*Julio Fado*

CIP-BRASIL. CATALOGAÇÃO-NA-FONTE
SINDICATO NACIONAL DOS EDITORES DE LIVROS, RJ

R244

A receita de Jesus para uma vida mais feliz/[William Douglas... et al.]. - Rio de Janeiro: Thomas Nelson Brasil, 2009.
ISBN 978-85-7860-010-5

1. Sermão da montanha. 2. Vida cristã. I. Douglas, William.

09-0102. CDD:226.907
CDU: 226.9

Rua Nova Jerusalém, 345 – Bonsucesso
Rio de Janeiro – RJ – CEP 21402-325
Tel.: (21) 3882-8200 – Fax: (21) 3882-8212 / 3882-8313
www.thomasnelson.com.br

SUMÁRIO

Introdução

O Autor

Foi Jesus Cristo que proferiu as bem-aventuranças. Emmet Fox nos oferece sobre ele uma descrição precisa: "Jesus Cristo é, sem dúvida alguma, a figura mais importante que já surgiu na História da Humanidade. Você pode encará-lo dos pontos de vista mais diversos, mas terá de concordar com isso; chame-o de Deus ou de homem, considere-o o maior Profeta e Professor — ou Mestre — do mundo, ou apenas um fanático bem-intencionado, cuja curta e atribulada carreira pública terminou em dor, em fracasso e em ruína. Qualquer que seja a maneira de você o encarar, o fato é que a vida e a morte de Jesus, e os ensinamentos a ele atribuídos, influenciaram o curso da História mais do que qualquer outro homem; mais do que Alexandre, César, Carlos Magno, Napoleão ou Washington. Mais vidas humanas são influenciadas por suas doutrinas ou, pelo menos, pelas doutrinas a ele atribuídas hoje em dia; mais livros são escritos, lidos e comprados a seu respeito; mais conferências ou sermões são feitos sobre ele do que sobre todas as outras personalidades acima reunidas." (Fox, p. 11)

Seja qual for a sua opinião sobre o assunto, a aquisição deste livro demonstra seu interesse por um dos mais conhecidos discursos de Cristo. Para nós, foi um prazer caminhar por este texto. Esperamos que você aproveite a jornada que agora faremos juntos, por entre nove olhares sobre o Sermão do Monte, cada autor focando em um dos versos do Evangelho de Mateus.

O Sermão do Monte

Noção geral

As bem-aventuranças estão presentes em dois livros da Bíblia, Mateus e Lucas, em que são abertos dois sermões: o do Monte, ou Montanha (em Mateus 5); e o da Planície (em Lucas 6). De um modo geral, os comentaristas entendem que os dois sermões reúnem os ensinamentos de Jesus proferidos em diversas ocasiões, à medida que expunha suas ideias e treinava seus seguidores para continuarem a propagar as "boas novas do Reino" mesmo após sua morte, que (ele mesmo advertia) ocorreria em breve.

Segundo Champlin (vol. 2, p. 64), "O sermão da Planície, em Lucas, é paralelo em parte ao Sermão da Montanha, em Mateus. Ambos apresentam, fora de qualquer dúvida, sumários de materiais, de declarações etc, não sendo o relato de nenhum sermão isolado". O comentarista conclui que tanto um autor quanto outro se valeram de "fontes informativas comuns", não sendo um sermão a cópia do outro. A opinião de que não se trata de um sermão único, mas a reunião e organização de ditos de Jesus exarados em várias ocasiões de seu ministério, é compartilhada por Tasker (p. 47).

A ideia básica do Sermão do Monte deve ser considerada sob os dois aspectos presentes no contexto da mensagem de Jesus, que veio tanto para *cumprir* a lei e o Velho Testamento quanto para propor que seus seguidores galgassem *novos degraus* em sua relação com Deus, consigo e com o próximo. Assim, Jesus foi, ao mesmo tempo, um cumpridor da lei mosaica e um revolucionário disposto a mostrar que tal lei não poderia ser vivida de forma estéril ou automática. Nesse sentido, propunha uma mudança de vida, um arrependimento e um novo coração (um novo "nascimento") e, em razão disso, uma nova ética.

Desde o Velho Testamento, Deus tencionava chamar um povo para si, um povo diferente, separado do mundo. Não apenas os judeus, mas todos quantos quisessem seguir o padrão que era proposto. Jesus começou a percorrer a Galiléia declarando ser o Messias prometido e que o reino havia chegado, "boas novas" que importavam em uma transformação positiva para todos quantos o recebessem. John Stott reitera essa transformação afirmando que "O Sermão do Monte (...) descreve o arrependimento (*metanoia*, a total transformação da mente) e a retidão, que fazem parte do reino; isto é, descreve como ficam a vida e a comunidade humana quando se colocam sob o governo da graça de Deus. E como é que ficam? Tornam-se diferentes! Jesus enfatizou que os seus verdadeiros discípulos, os cidadãos do Reino de Deus, tinham de ser inteiramente diferentes. Não deveriam tomar como padrão de conduta as pessoas que os cercavam, mas sim Deus, e assim provar serem filhos genuínos do seu Pai celestial" (Stott, p. 5). Stott prossegue, logo adiante, enfatizando que o Sermão do Monte "descreve o comportamento que Jesus esperava de cada um dos seus discípulos, que são também cidadãos do Reino de Deus. Vemos como Jesus é em si mesmo, em seu coração, em suas motivações, em seus pensamentos" (ob. cit.). E realça a questão do contraste com os demais grupos humanos:

"Não há um parágrafo no Sermão do Monte em que não se trace este contraste entre o padrão cristão e o não-cristão. É o tema subjacente e unificador do Sermão; tudo o mais é uma variação dele. Às vezes, Jesus contrasta os seus discípulos com os gentios ou com as nações pagãs. Assim, os pagãos amam-se e saúdam-se uns aos outros, mas os cristãos têm de amar os seus inimigos (Mateus 5:44-47); os pagãos oram segundo um modelo, com 'vãs repetições', mas os cristãos devem orar com a humilde reflexão de filhos do seu Pai no céu (Mateus 6:7-13); os pagãos estão preocupados com as suas próprias necessidades materiais, mas os cristãos devem buscar primeiro o reino e a justiça de Deus (Mateus 6:23,33)."

Em lugar do conformismo de uma religião formal e exterior, e assim insuficiente, o que vemos nas palavras de Jesus é uma proposta de mudança radical: *metanoia*, a "total transformação da mente", o arrependimento. Logo, num misto de complementação e também de ruptura, Jesus ofereceu uma verdadeira contracultura. E, ao propor que seus discípulos tivessem uma mente diferente, o resultado seria um comportamento diferente. Como se sabe, as atitudes moldam os pensamentos; os pensamentos moldam os comportamentos; os comportamentos moldam os resultados. Em suma, Jesus propunha que fossemos diferentes... E que tivéssemos resultados diferentes. Mudando o homem, Jesus tem o condão de mudar a sociedade inteira.

Uma nova mente

Aprofundando a ideia de mente e comportamento diferentes, podemos citar Emmet Fox (p. 26): "As bem-aventuranças são realmente um poema em prosa composto de versos, que constituem praticamente um sumário de todos os ensinamentos de Cristo.

É uma sinopse mais espiritual do que literária, que sintetiza mais o espírito dos ensinamentos do que sua expressão literal. Esse resumo é muito característico do antigo método oriental de ensinar religião e filosofia e lembra o Caminho de Oito Voltas do budismo, os Dez Mandamentos de Moisés e outras sínteses de ideias. Jesus preocupou-se exclusivamente em ensinar princípios gerais, que sempre se relacionavam com estados mentais, pois ele bem sabia que, quando os estados mentais da pessoa são corretos, tudo o mais segue o caminho certo, ao passo que, se eles forem errados, nada mais pode ser certo. Ao contrário de outros grandes mestres religiosos, ele não nos dá instruções detalhadas sobre o que devemos ou não fazer; não nos diz o que comer ou beber, ou para não comer ou beber certas coisas; não nos diz para observarmos certos rituais em determinadas ocasiões ou estações. De fato, todos os seus ensinamentos são antirritualísticos e antiformalistas. Jesus tinha pouca paciência com os sacerdotes judeus e sua teoria de salvação através das observâncias do Templo. 'É chegada a hora em que nem nesta montanha, nem em Jerusalém, adorarei o Pai... é chegada a hora em que o verdadeiro fiel adorará o Pai em espírito e verdade; pois o Pai busca esses para adorá-lo. Deus é espírito e os que o adorarem terão de adorá-lo em espírito e em verdade'."

Ainda sobre o que seria um "estado mental", ou uma "atitude mental", Champlin (vol. 1, p. 303) afirma: "... as bem-aventuranças mostram que, para Jesus, a retidão é mais do que a súmula de seus mandamentos; é uma total atitude de mente, uma forma particular de caráter. Aqueles que são louvados no evangelho são homens e mulheres humildes, amorosos, confiantes, fiéis e corajosos. Ainda não são perfeitos, mas são convertidos. Seus interesses e desejos se voltam na direção do Reino de Deus."

A intenção dos sermões era, portanto, mudar a mente dos discípulos, suas atitudes, comportamentos, resultados e o mundo todo, como consequência.

A quem Jesus se dirigia nesses sermões

Jesus falava para seus discípulos e para quem quisesse se tornar seu discípulo. Não se dirigia aos que não tinham interesse em Deus, ou duvidavam de sua existência ou intervenção, nem aos que não acreditavam ser ele, Jesus, o Messias. Em suma, não era um discurso voltado para os que ainda tinham que se arrepender, mas aos que já o tinham aceitado.

Jesus conclamou todos ao arrependimento, e a ter fé nele, mas no caso desses sermões, o foco de Jesus era instruir os que já tinham decidido ser seus seguidores. O texto diz que Jesus se dirigiu aos seus "discípulos". Champlin esclarece bem o que essa palavra significa: "Os discípulos de Jesus, pois, são aqueles que aceitam a sua 'ciência', o seu conhecimento, que aderem ao seu reino e são estudantes de sua Nova Lei" (Champlin, vol. 1, p. 302).

Nada impede que algum incrédulo se encante com a força e a simplicidade da mensagem e das ideias que esse extraordinário mestre expôs no Sermão do Monte, e por isso queira segui-lo. Porém, definitivamente estamos diante de uma orientação que, apesar de poética, propõe-se franca e direta sobre como segui-lo, dirigida aos que já o tinham aceitado.

O sermão é passível de ser posto em prática? É executável?

Muitos estudiosos dizem que, devido à maldade e ao egoísmo humano, os padrões sugeridos são inatingíveis e impraticáveis. Como pode alguém controlar não só seus atos externos, mas também seus pensamentos? Como evitar sucumbir aos desejos sexuais sequer com o olhar? Como amar os inimigos e deixar de desejar a vingança? Como abandonar as preocupações com comida e vestes, contemplando tranquilo como Deus cuida das flores e dos passarinhos?

Se, como diz Stott, o Sermão "torna a justiça atrativa, envergonha o nosso fraco desempenho, gera sonhos de um mundo melhor" (p. ix), ao mesmo tempo nos leva ao questionamento sobre a nossa própria capacidade de cumprir ideais e padrões tão nobres. E o mesmo Stott menciona: "O príncipe de Tolstoy geralmente é considerado como um autorretrato, e muito mal disfarçado. No final da novela, Nekhlyudov relê o Evangelho de Mateus. Vê no Sermão do Monte não lindos pensamentos abstratos, que apresentam principalmente exigências exageradas e impossíveis, mas mandamentos simples, claros, práticos que, se fossem obedecidos (e isto parecendo ser bastante exequível), estabeleceriam uma ordem completamente nova na sociedade humana, onde a violência que enchia Nekhlyudov de indignação não só cessaria sozinha, mas também a maior de todas as bênçãos que o homem pode esperar, o reino dos céus na terra, seria alcançada. (...) Tolstoy personificava a tensão entre o ideal e a realidade. De um lado estava convencido de que obedecer ao Sermão do Monte é 'realidade exequível', enquanto que, de outro lado, a sua própria atuação medíocre dizia-lhe que não é. (...) Esses padrões são atingíveis, mas só por aqueles que experimentaram o novo nascimento, condição esta que Jesus disse a Nicodemos ser indispensável para se ver e para se entrar no Reino de Deus, pois a justiça que ele descreveu no Sermão é uma justiça interior. Embora se manifeste externa e visivelmente em palavras, em atos e em relacionamentos, continua sendo essencialmente uma justiça do coração. O que se pensa no coração, e onde o coração é colocado, isso é o que realmente importa" (Stott, p.15-17).

Cremos que as orientações são exequíveis, mas como resultado de um processo de transformação que começa com o "tornar-se discípulo", com a fé e com a ajuda que o próprio Jesus promete a seus seguidores. Vemos em João 13, a partir do verso 21, que Jesus prediz sua traição e, logo em seguida, passa suas últimas instruções aos discípulos, explicando a razão de sua crucificação e anunciando a vinda do Consolador.

Nessa conversa final antes de ser crucificado, transcrita no capítulo 14 do Evangelho de João, Jesus diz: "Não vos deixarei órfãos; voltarei para vós" (v. 18); "(...) aquele que me ama será amado de meu Pai, e eu o amarei, e me manifestarei a ele" (v. 21); "Se alguém me ama, obedecerá à minha palavra. Meu Pai o amará, nós viremos a ele e faremos morada nele" (v. 23); "Mas aquele Consolador, o Espírito Santo, que o Pai enviará em meu nome, esse vos ensinará todas as coisas, e vos fará lembrar de tudo quanto vos tenho dito" (v. 26). Cremos assim que, ao oferecer talvez os mais difíceis e altos padrões morais já vistos, e não a um ou outro iluminado, mas a todos seus seguidores, Jesus ofereceu igualmente a mais espetacular ajuda, força e companhia para tornar possível o cumprimento desse novo padrão que veio sugerir.

Um cuidado importante ao discutirmos a exequibilidade das orientações é "resistir à tentação de considerarmos o Sermão do Monte com espírito legalista, bem como a lembrar que foi exatamente contra esse espírito, muito característico do ensino dos escribas e fariseus, que Jesus estava falando. Muitos mal-entendidos e frustrações poderão surgir se olharmos os preceitos contidos nesta seção como regras que podem ser obedecidas literalmente por todos, em qualquer circunstância, pelo simples exercício da vontade, do mesmo modo como as leis de um estado terreno podem ser acatadas por seus cidadãos. A ética do 'Sermão do Monte', como disse C. H. Dodd, 'é a ética absoluta do Reino de Deus'" (Tasker, p. 48).

Em suma, embora seja executável com a ajuda do Espírito, o conteúdo do sermão não é uma nova lei propriamente dita, em lugar da lei mosaica, mas uma nova concepção de valores, veículo de um processo de mudança e transformação integral da pessoa que quer seguir Jesus. Se você está lendo o livro apenas por curiosidade intelectual, ótimo; mas, se desejar cumprir esse alto padrão, recomendamos que permita que seu autor, e o Espírito Consolador que ele prometeu, auxiliem você a vencer esse desafio. Se Jesus era o que disse ser, isso significa que ele pode fazer morada em seu coração e caminhar com você diariamente.

Moisés quadruplicado?

John Stott escreve o seguinte: "Não pode haver dúvidas de que o Sermão do Monte tem, sobre muitas pessoas, o primeiro efeito já notado. Quando o leem, ficam desesperadas. Veem nele um ideal inatingível. Como poderiam desenvolver esta justiça de coração, voltar a outra face, amar os seus inimigos? É impossível! Exatamente! Neste sentido, o Sermão é 'Moisíssimo Moisés' (expressão de Lutero); 'é Moisés quadruplicado, é Moisés multiplicado ao mais alto grau', porque é uma lei de justiça interior a que nenhum filho de Adão jamais pode obedecer. Portanto, apenas nos condena e torna indispensável o perdão de Cristo. Não poderíamos dizer que esta é uma parte do propósito do Sermão? É verdade que Jesus não o disse explicitamente, embora esteja na primeira bem-aventurança, como já mencionamos. Mas a implicação está em toda a nova lei, exatamente como na antiga" (Stott, p. 25-26).

A observação é importante, pois complementa o que dissemos no item anterior: a ideia das orientações não era ditar uma nova lei que salvasse o homem. Tanto as orientações antigas, do Velho Testamento, quanto as novas, não salvam. Jesus disse que seriam salvos aqueles que cressem nele, que invocassem seu nome (Mateus 16:16; João 3:16,17; Atos 2:21).

Moisés falou para não matar, Jesus disse para respeitar até a autoestima; Moisés falou para não adulterar, Jesus disse para não pensar nisso. Jesus diz para fazer as pazes com o irmão antes de levar a oferta, para ter palavra em vez de jurar, para oferecer a face esquerda a quem nos bater na direita, para não se desviar de quem vem pedir um empréstimo, para amar os inimigos, para bendizer quem nos maldiz, para orar e fazer nossas caridades de forma secreta, para perdoar antes de desejar ser perdoado e assim por diante. Logo, Lutero tinha razão ao chamá-lo "Moisíssimo Moisés", "Moisés quadruplicado".

Mas, em lugar de apenas dar ordens mais difíceis, Jesus deu também o caminho para realizar isso: um arrependimento, uma total mudança da mente, da atitude, do coração. Então, ao propor a mais difícil missão, logrou apresentar igualmente a mais simples solução. Daí, o que seria absolutamente impraticável para quem vive apenas o exterior torna-se, sob certo aspecto, algo fácil. Apenas para dar alguns exemplos, o mesmo Jesus disse que o maior era quem mais servia; lavou os pés dos discípulos; não só recomendou, mas ele mesmo ofereceu, a face esquerda a quem lhe bateu na direita. O mesmo Jesus amou e orou pelos inimigos. Um novo coração, acompanhado do exemplo em Cristo, torna possível os desafios do Sermão.

Não concordamos, no final das contas, em que o Sermão é Moisés quadruplicado, mas sim que é Moisés finalmente explicado e, então, executável de forma mais realista e compatível com a natureza humana. E, assim como antes, não se trata de um caminho para a salvação, mas sim sua consequência, para que todos nós possamos amadurecer e nos tornar cidadãos do novo reino.

A chave para o Sermão do Monte

Warren W. Wiersbe (p. 23) informa que, ao seu ver, a chave para esse sermão está em Mateus 5:20, que diz: "Porque vos digo que, se a vossa justiça não exceder em muito a dos escribas e fariseus, jamais entrareis no reino dos céus." O tema central desse texto é a verdadeira justiça. Os líderes religiosos possuíam uma justiça artificial e exterior com base apenas na lei. A justiça que Jesus descreve, porém, é verdadeira e essencial, começando no interior, no coração. "Os fariseus preocupavam-se com os detalhes da conduta, mas deixavam de cuidar do mais importante, o caráter. A conduta é decorrente do caráter." Concordamos. Mudando o caráter de um homem, ele é capaz de ser um bom cidadão não só do reino dos céus, mas desde já de qualquer reino secular. Posso dizer que nada mudou mais meu caráter do que a figura de Jesus, sua vida e seus ensinos. Como declarou Martin Luther King Jr, embora ainda não tenha chegado nem perto da estatura de Cristo, segui-lo já melhorou muito o que eu era antes, o que seria sem ele. O sermão mostra muito da natureza de Jesus, e fornece caminhos seguros para imitá-lo.

As bem-aventuranças

Noção geral

Como já dissemos, as bem-aventuranças surgem no início dos dois sermões, do Monte (em Mateus) e da Planície (em Lucas), tratando sobre o caráter do cristão. Stott (ob.cit., p. 11) afirma que as bem-aventuranças "enfatizam oito sinais principais da conduta e do caráter cristão, especialmente em relação a Deus e aos homens, e as bênçãos divinas que repousam sobre aqueles que externam esses sinais".

As palavras de Jesus são poéticas, literárias, afastando-se do formato convencional da enunciação de leis. Outra virtude das bem-aventuranças é que apresentam ao mesmo tempo profundidade e simplicidade formal, em um raro equilíbrio.

Martin Lloyd-Jones (p. 29) sugere que certas lições podem ser extraídas das bem-aventuranças:

a. todos os crentes devem ser assim;
b. espera-se de todos os crentes que manifestem todas essas qualidades;
c. nenhuma dessas descrições refere-se àquilo que poderíamos chamar de tendências;
d. deve haver uma diferença essencial entre o crente e o incrédulo;
e. o crente e o incrédulo pertencem a dois reinos inteiramente diversos.

Em suma, embora não seja uma tendência natural dos homens, é preciso ter todas essas qualidades e, com isso, ser diferente daquele que não professa a mesma fé. Isso é tanto verdade que, conforme encontramos no Profeta Malaquias, o momento em que Deus julga não pode coincidir com o início da diferenciação entre os "escolhidos" e os demais: "Então vocês verão novamente a diferença entre o justo e o ímpio, entre os que servem a Deus e os que não o servem" (Malaquias 3:18).

Na mesma linha, os próprios incrédulos acham esquisito, para não escolher outra palavra, o discípulo de Jesus que não consegue ser diferente dos que não afirmam ter essa fé. Não só acham esquisito, mas também criticam tal postura. Se é para ser igual, perguntam-se: "Qual o sentido de dizer que é crente?"

Ainda sobre essas diferenças, o mesmo autor (p. 35) observa: "Portanto, na passagem que contém as bem-aventuranças, essa é a descrição do crente. Você percebe quão essencialmente diferente é o crente do incrédulo? Isso posto, as indagações vitais que nos convém fazer a nós mesmos são as seguintes: Já fazemos parte desse reino? Estamos sendo governados por Cristo? Ele já é nosso Rei e Senhor? Estamos manifestando as qualidades recomendadas pelo Sermão do Monte, em nossa vida diária? É nossa grande ambição agir assim? Percebemos que isso é o que se espera de nós? Estamos sendo verdadeiramente abençoados? Somos felizes? Já fomos fartos? Obtivemos a paz? Após havermos examinado juntos essa descrição geral, como é que vemos a nós mesmos?" E complementa: "Que cada qual examine a si mesmo."

Quem devem ser os bem-aventurados? A quem o texto se dirige?

Naturalmente, ao fazer parte dos Sermões dirigidos aos discípulos, as bem-aventuranças indicam o que cada cristão deve almejar, como devem ser sua mente, seu coração, sua conduta. Oferecem, enfim, uma nova ética a ser praticada pelos discípulos. Mais uma vez: esse texto simples, literário, bonito e profundo não é uma tese de doutorado, nem um tratado filosófico, nem uma lista de regras, nem um poema, nem uma proposta de discussão. O texto descreve como deve ser o cristão, de uma forma clara e prática. Sem voltas, fundamentações extensas ou subterfúgios, Jesus apenas afirma, dirigindo-se a quem desejava segui-lo, como é que um discípulo seu deve pensar, sentir e agir.

As bem-aventuranças devem ser seguidas em conjunto ou podem ser praticadas isoladamente?

Existem algumas listas de orientações ou características na Bíblia: os Dez Mandamentos, as bem-aventuranças, o fruto do Espírito. Em todos os casos, entende-se que não podem ser vistos nem praticados isoladamente. Se por um lado o desafio é bem maior, por outro há que se reconhecer que o desenvolvimento de um caráter vai permitir sucesso nesse projeto. Ao mesmo tempo, o cumprimento de uma bem-aventurança ajuda no das demais, tanto como um fruto do Espírito contribui para desenvolver o outro. Jesus, em Mateus 5:17 e seguintes, atesta que não basta seguir um ou outro dos mandamentos da Lei.

Vale registrar que mesmo nos Dez Mandamentos já encontramos uma orientação que se resolve no plano interno: a cobiça. Claro que, ao evitar a cobiça, evitamos também seus efeitos no mundo real. Assim, a regra que proibia a cobiça era profilática para a vida social. Contudo, alguém que desejasse seguir os Dez Mandamentos, e sempre houve aqueles que o desejavam, certamente iria cuidar de um plano interno. Mas mesmo esse mandamento foi aperfeiçoado por Jesus, pois antes não se devia desejar o que o próximo possuía, e agora devíamos querer para ele o mesmo que para nós mesmos. A cobiça não deseja tomar, ao passo que o amor deseja que o outro também tenha.

Há alguma discussão na contagem das bem-aventuranças, se são oito ou nove (se os versos 10 e 11 representam uma ou duas bem-aventuranças). Optamos por considerá-las nove. E nove são, também, os "frutos" do Espírito: amor, alegria, paz, paciência, benignidade, bondade, fé, mansidão e temperança (Gálatas 5:22). Contudo, o texto de Gálatas não fala em "frutos", mas em "fruto do Espírito". Isso reforça que não estamos diante de uma prateleira onde podemos escolher um ou outro produto, mas um único fruto, com nove características.

No caso das bem-aventuranças, todas decorrem de um único caráter, de modo que a proposta é que todos os seguidores sejam humildes, mansos, misericordiosos; tenham o coração puro, sejam capazes de chorar (sensíveis); tenham fome e sede de justiça e sejam pacificadores. A oitava característica, ser perseguido, é provavelmente resultado das primeiras. E por que perseguido? Por ser diferente, e isso é praticamente um crime nos grupamentos humanos; essa é a razão pela qual os cristãos têm vários inimigos (ver por exemplo Efésios 6:12, Mateus 13:39, 1 Pedro 5:8).

Seguir todos os mandamentos, andar em todas as bem-aventuranças e cultivar todas as novas facetas do fruto do Espírito é algo perfeitamente compatível com a proposta de Jesus: "Portanto, sejam perfeitos como perfeito é o Pai celestial de vocês" (Mateus 5:48).

Como interpretar as palavras do Sermão e das bem-aventuranças?

Emmet Fox ajuda bastante a responder a essa pergunta: "Logo de início temos de levar em conta algo de grande importância para o estudo da Bíblia, ou seja, que ela está escrita num idioma próprio, e que os termos e expressões e, por vezes, até mesmo as palavras, são usados na Bíblia num sentido bem diferente do de todos os dias. Isso além do fato, em que também temos de prestar atenção, de que certas palavras mudaram de significado desde que a Bíblia foi traduzida.

A Bíblia é, na verdade, um texto de metafísica, um manual para o crescimento da alma, e encara todas as questões desse ponto de vista. Por esse motivo, todos os assuntos são nela tratados com a máxima amplidão. A Bíblia vê todas as coisas em relação à alma humana e usa muitos termos comuns num sentido muito mais amplo do que vulgarmente lhes é atribuído. Por exemplo, a palavra 'pão' na Bíblia significa não apenas qualquer espécie de alimento físico, que é o sentido mais amplo que 'pão' tem na literatura em geral, mas todas as coisas de que o homem necessita — todas as coisas materiais, como roupa, abrigo, dinheiro, educação, companheirismo etc; e também todas as coisas espirituais, como a percepção, a compreensão e, principalmente, a realização espiritual. 'O pão nosso de cada dia nos dai hoje.' 'Eu sou o pão da vida.' 'A menos que comerdes deste pão...'

Um outro exemplo é a palavra 'prosperidade'. No sentido bíblico, 'prosperidade' e 'prosperar' significam muito mais do que a aquisição de bens materiais. Significam ser bem-sucedido na oração. Do ponto de vista da alma, ser bem-sucedido na oração é a única espécie de prosperidade que vale a pena; se nossas preces forem bem-sucedidas, obteremos, naturalmente, todas as coisas materiais de que precisamos. Certa quantidade de bens materiais é, evidentemente, essencial, mas na realidade as riquezas materiais são a coisa menos importante que há na vida e é por isso que a Bíblia dá à palavra 'próspero' o seu verdadeiro significado."

Assim, a interpretação de cada uma das palavras deve ser feita não só dentro do contexto do sermão, mas também na comparação com as demais palavras de Jesus espalhadas pelos Evangelhos.

Bênçãos prometidas

Um discípulo, mesmo inexperiente, sabe que não deve privilegiar seus ganhos, benefícios e prêmios por seguir o mestre, qualquer que seja ele. Ao mesmo tempo, é inegável que se alguém segue outra pessoa, o faz por algum interesse, por mais nobre que seja. No caso das bem-aventuranças, Jesus nos poupou desse dilema ao enfatizar as marcas principais da conduta e do caráter cristão, logo informando-nos das bênçãos divinas que repousam sobre quem externa esses sinais.

Se a ideia é cumprir tudo, as bênçãos também serão recebidas integralmente, embora Jesus tenha dito que a cada conduta específica se receberá uma retribuição também específica (ser consolado, herdar a terra, alcançar misericórdia etc.). E há um resultado comum a todas: ser "bem-aventurado".

"Bem-aventurados" pode ser traduzido por " felizes". No entanto, a felicidade é muitas vezes percebida subjetivamente e, no caso das bem-aventuranças, nós a consideramos sobretudo um resultado prático, específico, para cada uma de suas nove faces.

Ernest M. Ligon (*The Psychology of Christian Personality*, Macmillan, 1935), citado por John Stott, explica que as bem-aventuranças não são tanto deveres éticos, mas "uma série de oito atitudes emocionais fundamentais. O homem que reagir ao seu ambiente com esse espírito terá uma vida feliz", pois terá descoberto a "fórmula básica para a saúde mental".

Quando recebo as bênçãos prometidas?

As bênçãos são promessas e quem as proferiu tem uma milenar tradição de cumprir o que diz. Os comentaristas concordam que essas bênçãos são recebidas em parte de imediato, agora, e de modo integral no futuro. Algumas são claramente imediatas, como o consolo e a misericórdia, muito embora possam ser aperfeiçoadas quando Jesus voltar. Outras, por sua natureza, só podem ocorrer no futuro, como ter todo o desejo de justiça saciado e ver Deus, já que no momento ninguém pode ver sua face.

Nesse sentido vale citar 1 Coríntios 13:12: "Agora, pois, vemos apenas um reflexo obscuro, como em espelho; mas, então, veremos face a face. Agora conheço em parte; então, conhecerei plenamente, da mesma forma como sou plenamente conhecido."

Quando a carta aos coríntios foi escrita, os espelhos eram metal polido, que permitiam ao interessado contemplar apenas nebulosamente sua face. Por isso se dizia que se via "em parte" e que depois se veria plenamente. Da mesma forma, as bênçãos são recebidas de forma parcial, nebulosa ainda, por enquanto, mas serão experimentadas no futuro em plenitude.

Tanto quanto o próprio Sermão do monte como um todo, praticar as bem-aventuranças é possível ou apenas um ideal inatingível?

Entendemos que a partir da aceitação de Jesus, da atuação do Espírito Santo e do desenvolvimento de um novo caráter, é perfeitamente possível que seus seguidores consigam praticar essa nova ética, a ética de um cidadão do reino dos céus — alguém que, salvo pela graça, aja diferente por estar munido de um novo coração, sabedor de que foi "criado para as boas obras" (Efésios 2:10). É bom registrar que estamos diante de um processo de aperfeiçoamento (amadurecimento, santificação), o qual admite quedas e falhas. A base da salvação é o sacrifício de Jesus Cristo na cruz e não o sucesso absoluto e integral na prática dos mandamentos.

Há uma ordem lógica nas bem-aventuranças?

De um modo geral, entende-se que sim, que uma é o desenrolar natural da outra. Stott (p. 27) considera as quatro primeiras descritivas do relacionamento do cristão com Deus e as outras voltadas para o relacionamento e para os deveres com o próximo. Discordamos dessa interpretação: a mansidão é voltada para Deus, mas tem muita relação com o próximo. Um exemplo disso pode ser visto em Provérbios 15:1, "A resposta branda desvia o furor, mas a palavra dura suscita a ira", e no próprio Sermão (Mateus 5:39,40): "Mas eu lhes digo: Não resistam ao perverso. Se alguém o ferir na face direita, ofereça-lhe também a outra. E se alguém quiser processá-lo e tirar-lhe a túnica, deixe que leve também a capa."

Lloyd-Jones (p. 37) acrescenta: "Não há que duvidar que essas bem-aventuranças foram arrumadas em uma sequência bem definida. Nosso Senhor não as colocou em suas respectivas posições por mero acaso, acidentalmente; antes, há nelas aquilo que poderíamos denominar de sequência lógica e espiritual. Necessariamente, essa é a primeira das bem-aventuranças devido à excelente razão de que ninguém pode entrar no Reino de Deus, também chamado reino dos céus, a menos que seja possuidor da qualidade nela expressa. No Reino de Deus não existe sequer um participante que não seja 'humilde de espírito'. Essa é a característica fundamental do crente, do cidadão do reino dos céus; e todas as demais características são, em certo sentido, resultantes dessa primeira qualidade. À medida que formos avançando na exposição dessa bem-aventurança, verificaremos que ela indica, realmente, um esvaziamento, ao passo que as demais apontam para uma plenitude. Não poderemos ser cheios enquanto não formos primeiramente esvaziados. Não se pode encher de vinho novo um odre cujo conteúdo ainda não tenha sido despejado. Essa, pois, é uma das afirmativas que nos fazem recordar que existe uma espécie de esvaziamento antes que possa haver um enchimento. O Evangelho sempre exibe essas duas facetas; há o derribamento e há também a edificação."

O que é ser "bem-aventurado"?

Essa indagação já foi bem resolvida por Champlin: "Bem-aventurados. Essa palavra e suas cognatas são usadas cerca de cinquenta vezes no Novo Testamento, sendo uma das muitas que o uso do Novo Testamento expandiu e dignificou quanto ao seu sentido. A raiz original, no grego clássico, parece significar 'grande', e desde cedo foi usada como sinônimo de rico, mas quase sempre aludindo à prosperidade externa (não à espiritual). Na literatura grega primitiva, era palavra aplicada aos deuses e à sua condição de 'felicidade', em contraste com a situação medíocre de homem. Os filósofos gregos usavam-na dotada de certo elemento moral, e algumas vezes indicavam, por meio dela, que a felicidade resulta da excelência do caráter. Alguns intérpretes acreditam que o uso que Jesus fez da palavra aqui reflete as ideias e expressões hebraicas que se encontram, por exemplo, em Salmo 1:1; 32:1 e 112:1, onde a palavra hebraica 'ashrê', ou 'quão feliz', indica a condição de felicidade em vista. As 'bem-aventuranças', portanto, declaram quem são os felizes, aos olhos de Deus. O uso neotestamentário tem soerguido a ideia inteira de 'felicidade' até as regiões espirituais. A verdadeira felicidade inclui aquele bem-estar ou estado de 'bem-aventurança' associado à correta relação do homem para com Deus. Esse mesmo vocábulo é aplicado aos mortos que morrem no Senhor (Apocalipse 14:13), e esse uso, por sua vez, é extremamente instrutivo. Poderíamos dizer, com igual verdade, 'Bem-aventurados os que vivem no Senhor', e é essencialmente isso que Jesus dizia ao pronunciar as 'bem-aventuranças'" (vol. 1, p. 303).

Bem-aventuranças e atitudes

Wiersbe (p. 23) traça uma excelente relação do texto com as atitudes: "As bem-aventuranças descrevem as atitudes que devem estar presentes em nossa vida hoje." Veremos aqui quatro dessas atitudes.

Atitude em relação a si mesmo (v. 3). Ser humilde significa ter uma opinião correta de si mesmo (Romanos 12:3). Não quer dizer ser "pobre de espírito" e fraco! A humildade é o oposto das atitudes atuais de autoafirmação e exaltação. Também não é uma falsa humildade, como aquela que diz "não tenho valor algum, não sou capaz de fazer nada", mas sim, uma atitude de honestidade em relação a si mesmo: conhecer-se, aceitar-se e tentar ser autêntico para a glória de Deus.

Atitude em relação ao pecado (vv. 4-6). Ficamos profundamente tristes com nosso pecado e o rejeitamos. Vemos o pecado como Deus o vê e procuramos tratá-lo como Deus o trata. Aqueles que encobrem ou defendem o pecado estão, sem dúvida alguma, indo pelo caminho errado. Não devemos apenas nos entristecer com o pecado, mas também nos sujeitar a Deus com mansidão (ver Lucas 18:9-14; Filipenses 3:1-14).

Mansidão não é o mesmo que fraqueza, pois tanto Moisés quanto Jesus foram homens mansos (Números 12:3; Mateus 11:29). O adjetivo "manso" era usado pelos gregos para descrever um cavalo domado e se refere ao poder sob controle.

Atitude em relação a Deus (vv. 7-9). Experimentamos a misericórdia de Deus quando cremos em Cristo (Efésios 2:4-7), e ele nos dá coração puro (Atos 15:9) e paz interior (Romanos 5:1). Mas, depois de receber sua misericórdia, nós a compartilhamos com outros. Esforçamo-nos por manter o coração puro a fim de buscar a Deus. Tornamo-nos pacificadores em um mundo perturbado e canais para a paz, a pureza e a misericórdia de Deus.

Atitude em relação ao mundo (vv. 10-16). Não é fácil ser um cristão consagrado. Nossa sociedade não tem amizade com Deus nem com o povo de Deus. Quer gostemos quer não, estamos em conflito com o mundo, pois somos diferentes e temos atitudes diferentes.

Ao ler as bem-aventuranças, observamos que mostram uma perspectiva radicalmente diferente daquela do mundo ao nosso redor. O mundo estimula o orgulho e não a humildade. O mundo incentiva o pecado, especialmente se for possível escapar sem punição. O mundo está em guerra com Deus, enquanto Deus deseja se reconciliar com seus inimigos e recebê-los como filhos. Quem vive de maneira agradável a Deus deve esperar perseguições. Mas é importante certificar-se de que o sofrimento não é resultante da própria insensatez ou desobediência.

William Douglas

Referências Bibliográficas

CHAMPLIN, R. N. O *Novo Testamento interpretado: versículo por versículo.* Vols. 1 e 2. São Paulo: Hagnos, 2002.

FOX, E. *O Sermão da Montanha.* 17ª edição. Rio de Janeiro: Record, 1996.

LLOYD-JONES, M. *Estudos no Sermão do Monte.* 3ª edição. São Paulo: Fiel, 1992.

STOTT, J. R. W. *A mensagem do Sermão do Monte.* 2ª edição. São Paulo: ABU Editora, 1989.

TASKER, R.V. G. *O Evangelho segundo Mateus — introdução e comentário.* 1ª edição. São Paulo: Vida Nova, 1980.

VINCENT, M. *Word studies in New Testament.* Vol. 1. Michigan: Wm. Eerdmans, 1946.

WIERSBE, W. W. *Comentário bíblico expositivo: Novo Testamento.* Vol. 1. 1ª edição. Santo André, SP: Geográfica Editora, 2006.

Capítulo 1

> Bem-aventurados os pobres em espírito,
> pois deles é o Reino dos céus. (Mateus 5:3)

William Douglas

Primeiras indagações e ideias equivocadas sobre a "pobreza"

A comparação entre os dois textos acima nos leva à primeira pergunta: "pobre em espírito" e "pobres" são expressões com o mesmo sentido? O mesmo problema acontece também, por exemplo, quando se fala dos bem-aventurados porque têm "fome e sede de justiça" (Mateus 5:6) ou "fome" (Lucas 6:21).

Se, em Lucas, no Sermão da Planície, estamos diante de uma referência aos pobres do ponto de vista socioeconômico, há base para uma rebelião social, uma revolução? Será que a referência aos pobres era uma questão terrena, secular? Acreditamos que não, pois logo após alimentar a multidão na multiplicação dos pães, Jesus recusou-se a ser proclamado rei, como queria o povo (João 6:15). O povo procurava quem lhe desse "pão", mas, como já dissemos, a palavra "pão" tem vários sentidos e Jesus desejava que fosse provado não o pão físico, que sacia a fome apenas por um período, mas o pão espiritual, aquele que — uma vez provado — nunca mais permite fome. Na mesma linha, Jesus afirmou para Pilatos que seu reino não era deste mundo (João 18:36). Logo, seria bastante insuficiente entender que a pobreza referida aqui é social ou financeira.

A riqueza e a pobreza materiais foram objeto das considerações de Jesus, mas sempre foram tratadas como algo muito menos relevante que o plano espiritual. Não faria sentido que Jesus, em ponto tão importante de suas orientações aos discípulos, estivesse cuidando de aspectos materiais, até porque ele mesmo alertou que a preocupação com bens materiais era própria dos gentios e pagãos, não de seus seguidores (Mateus 6:32). É interessante perceber que, por ocasião do pedido de um rico insensato, preocupado com a divisão de sua herança com seu irmão, Jesus advertiu: "Cuidado! Fiquem de sobreaviso contra todo tipo de ganância; a vida de um homem não consiste na quantidade dos seus bens" (Lucas 12:13-21). No mesmo trecho, surge a menção a ser "rico para com Deus", demonstrando que há formas diferentes tanto de riqueza quanto de pobreza.

Em Mateus 19:16-26, ao lidar com um jovem rico e bom cumpridor da Lei, Jesus sugeriu que ele vendesse todos seus bens e o seguisse. Como esse conselho não foi dado a todos os ricos, a melhor interpretação é a de que Jesus achou mais importante para aquele jovem mexer em seu coração egoísta, e que isso valia toda sua fortuna. Ao considerar uma grande fortuna apenas um detalhe, Jesus aponta para um modo completamente incomum de compreender a riqueza terrena.

Após analisar todos os comentaristas e também comparar as diversas atitudes de Jesus, conclui-se que a pobreza mencionada é a espiritual, que alguns traduzem como humildade. O pão e a água, uma vez provados, eliminariam a fome e a sede para sempre. Tanto a pobreza quanto a fome, a sede e o pão mencionados por Jesus eram condições espirituais. Logo, ao falar da pobreza, e também da riqueza, estamos diante de algo muito além do mundo físico.

Nesse mesmo sentido, ao analisar a linguagem do Sermão, Lloyd-Jones (p. 38) alerta: "Existem aqueles que dizem que este versículo deveria ter sido traduzido como segue: 'Bem-aventurados em espírito são os pobres'. E parece que eles contam com determinada dose de apoio, nessa sua opinião, quando apelam para a passagem paralela, isto é, Lucas 6:20, onde se lê: 'Bem-aventurados vós, os pobres...' e onde não se faz qualquer alusão aos 'humildes de espírito' ou aos 'pobres de espírito' (conforme dizem outras versões). Destarte, consideram as palavras desta bem-aventurança um elogio à pobreza. Não há que duvidar, porém, que os tais estão enganados. Porquanto em parte alguma as Escrituras ensinam ser a pobreza algo tão bom assim. Um homem pobre não está mais próximo do Reino dos céus do que um homem rico, se é que estamos falando deles como homens naturais. Não há mérito nem vantagem na pobreza. A pobreza não serve de garantia da espiritualidade. Assim sendo, é patente que essa passagem não pode estar ensinando tal conceito. Além disso, se considerarmos aquele parágrafo inteiro de Lucas 6, penso que se tornará perfeitamente claro que nosso Senhor estava se referindo ali aos 'humildes', ou seja, àqueles que 'não exibem o jactancioso espírito do mundo', por assim dizer, pobres somente no sentido que eles não dependem das riquezas materiais. Essa é a atitude que é ali condenada, essa dependência às riquezas materiais propriamente ditas. Como é óbvio, entretanto, há muitas pessoas pobres que dependem das riquezas exatamente como o fazem muitas pessoas ricas. Dizem essas pessoas: 'Se ao menos eu possuísse tal ou qual quantia'; e então invejam os ricos. Ora, se alguém é dotado dessa atitude, não pode ser espiritualmente abençoado. Dessa maneira, não se faz aqui qualquer menção à pobreza propriamente dita."

Também não se deve confundir com o versículo a expressão corrente, utilizada como ofensa, "pobre de espírito", que se refere a uma pessoa mesquinha, apequenada. O uso aqui, até para evitar a confusão, é "pobre em espírito", ou "humilde de espírito". Note-se que não consideramos satisfatória a substituição do termo "pobreza" por "humildade" por causa das abundantes referências à "pobreza" na Bíblia, como, por exemplo, na expressão do salmista: "Eu sou pobre e necessitado" (Salmo 40:17). A sua situação era muito mais grave e abrangente do que se perceberia com o emprego do termo "humildade".

A percepção de Davi a respeito de sua pobreza espiritual comparada com sua riqueza terrena também era visível no seu desejo de estar na casa de Deus. Ele afirmou que preferia estar na casa de Deus do que em seu palácio. Comparado com a riqueza da presença de Deus, da *shekinah*, seu castelo lotado de ouro era muito pobre. A porta da casa de Deus era mais sedutora do que qualquer outro lugar, fosse seu castelo, fossem as tendas daqueles que queriam hospedar um rei poderoso. Diz o Salmo 84:10: "Melhor é um dia nos teus átrios do que mil noutro lugar; prefiro ficar à porta da casa do meu Deus a habitar nas tendas dos ímpios."

Por fim, é preciso registrar que alguns chegaram a entender que a pobreza mental estaria contemplada no texto, ideia que nos parece completamente desarrazoada. A limitação intelectual ou de saúde não é um demérito, mas também não logra ser um mérito próprio. A falha de raciocínio é semelhante à da que vislumbra a pobreza material, e talvez seja fruto de uma interpretação equivocada do texto bíblico segundo o qual Deus escolheu a loucura desse mundo.

O que é ser "pobre", ou "pobre em espírito"

Para aprofundar a compreensão do que é ser pobre em espírito vamos nos valer, mais uma vez, da sabedoria acumulada por vários estudiosos que já se debruçaram para compreender o alcance dessa expressão.

Sobre isso, Emmet Fox afirma que "ser pobre de espírito não tem a mesma acepção que hoje em dia. Ser pobre de espírito significa ter-se despido de todo o desejo de exercer a vontade pessoal, o que é igualmente importante, ter renunciado a todas as opiniões preconcebidas na busca de Deus. Significa estarmos dispostos a pôr de lado nossos hábitos atuais de pensamento, nossos atuais preconceitos e pontos de vista, e até mesmo, se necessário, nosso modo atual de vida; pôr de lado, enfim, tudo o que puder interpor-se a nossa procura de Deus" (p. 28).

No *Novo Comentário da Bíblia* (p. 953) encontramos o seguinte: "Os pobres de espírito (3). Alusão a Isaías 57:15. No início, o Evangelho apela aos que compreendem sua necessidade e estão prontos a depender de outrem para as necessidades da vida espiritual."

Martin Vincent (vol. 1, p. 36) ressalta que a palavra para "pobre" no texto grego tem o mesmo sentido que lhe atribuímos atualmente, ou seja, alguém desprovido de posses, mas que no contexto "denota a destituição espiritual, a consciência que precede a entrada no Reino de Deus, e que não pode ser satisfeita por nenhum esforço próprio, mas somente pela livre misericórdia de Deus".

Champlin (p. 303) fornece uma definição precisa: "Humildes de espírito: parece significar aquela humildade espiritual que percebe sua aguda necessidade de desenvolvimento. É o oposto do orgulho espiritual."

Não são poucos os que demonstram esse orgulho, acreditando que sua ciência, seus pensamentos e suas avaliações da realidade são o suficiente, desprezando Deus. Muitos são os que o negam por duvidarem das provas que ele optou por apresentar de sua existência (presentes em Salmo 19:1, por exemplo), ou por julgarem que a filosofia, ou a ciência, ou o materialismo são mais seguros, lógicos ou coisa que o valha. Da mesma forma, não são poucos os que professam crenças em sua própria divindade, ou que entendem que somos todos deuses, no sentido de um "deus interior", ou ainda parte de uma só unidade divina, deixando de vislumbrar esse Deus autônomo e pessoal a que Jesus se referia como seu Pai, de quem era primogênito. Não se negue, naturalmente, que alguém que tem sua própria divindade é, em certo sentido, mais "rico" do que aqueles que dependem de um Deus externo para saciar a necessidade de encontrar a divindade. Fiodor Dostoievski disse que todo homem tem na alma um vazio do tamanho de Deus. Uns preenchem esse vazio com a razão, a matéria, a ciência, a autossuficiência ou o ceticismo; outros o preenchem com uma divindade própria, interna; outros com prazeres, bens, poder e fama. Todos, à sua moda e escolha, são "ricos".

Este livro não se propõe a discutir se essas pessoas estão certas ou erradas... apenas a mostrar que, para Jesus, são tais "ricos" que não se interessam por seu Reino, que acaba sendo um privilégio dos "pobres" — ainda que entre esses últimos também encontremos eventualmente pessoas com grande formação intelectual, ou bens materiais, ou alegria. O Evangelho veio a ser pregado não aos "ricos", porque já satisfeitos, mas aos "pobres".

A interpretação correta também pode se valer do que se prefigurava com clareza desde o Velho Testamento: Deus não vê o exterior, mas o coração. Se isso vale para a pessoa como um todo, também servirá para avaliar os seus bens. Veja 1 Samuel 16:7: "O SENHOR, contudo, disse a Samuel: 'Não considere sua aparência nem sua altura, pois eu o rejeitei. O SENHOR não vê como o homem: o homem vê a aparência, mas o SENHOR vê o coração'."

Para concluir, podemos citar *O evangelho maltrapilho*, de Brennan Manning: "O Reino pertence a pessoas que não estão tentando fazer gênero nem impressionar ninguém, muito menos elas mesmas."

A importância da primeira bem-aventurança como porta para as demais

Já afirmamos que as bem-aventuranças estão em uma ordem lógica. Reiteramos Lloyd-Jones (p. 37) sobre a importância da pobreza em espírito: "Ninguém pode entrar no Reino de Deus, também chamado Reino dos céus, a menos que seja possuidor da qualidade nela expressa. No Reino de Deus não existe sequer um participante que não seja 'humilde de espírito'. Essa é a característica fundamental do crente, do cidadão do reino dos céus; e todas as demais características são, em certo sentido, resultantes dessa primeira qualidade."

Nossa era, chamada "pós-modernidade", tem oferecido os valores da autossuficiência, da indiferença e do individualismo. O homem se propõe a ser forte, independente, não só como raça mas cada um de per si, cada um cuidando de si mesmo. Somos todos ricos, é a ideia. Se olharmos Romanos 12:1,2, veremos um outro caminho, ultrapassado aos olhos de muitos: não se conformar com este mundo, mas nos transformarmos pela renovação de nosso entendimento. A essas ideias tão modernas e bem fundamentadas, a esse substrato de séculos e séculos de evolução humana, contrasta-se a antiga bênção apostólica em 2 Coríntios 13:14:

"A graça do Senhor Jesus Cristo, o amor de Deus e a comunhão do Espírito Santo sejam com todos vocês."

Nesse sentido, José Barbosa Junior aponta "três verdades inconvenientes":

- Em lugar da autossuficiência, a graça (a incômoda graça, que afronta o desejo do homem de ser merecedor de suas posses, que impede a conquista, que revela fraqueza e dependência);
- em lugar da indiferença, o amor (e a incômoda conclusão de que não podemos olhar para o mundo e apenas lamentar suas mazelas, pois o amor nos constrange a mudar a realidade);
- em lugar do individualismo, a comunhão (com todos os incômodos do perdão, das concessões mútuas, da divisão de espaços e ideias).

Logo, "pobreza", humildade; ideias de graça, amor e comunhão, são incompatíveis, ou ao menos incompatíveis em um primeiro momento, como o "estado da arte" do desenvolvimento humano. Crescemos e evoluímos tanto, na ciência, na tecnologia, na filosofia, que tendemos a ser autônomos, indiferentes, individualistas e, de um modo geral, também bastante infelizes, entediados e desprovidos de um sentido maior. Ricos, talvez, a depender do prisma e da interpretação das palavras.

Pobreza e leveza

A tomada de consciência da própria pobreza tem o condão de trazer certa paz. Se igualmente sabemos que Deus nos ampara nelas, tanto melhor. Champlin (vol. 1, p. 304) faz referência a uma bela alegoria dessa realidade: "Talvez uma das mais notáveis ilustrações derivadas de uma fonte não-bíblica sobre o que está aqui incluso se encontra na Divina Comédia, de Dante. Dante ter-se-ia encontrado com o anjo da humildade. O anjo tocou na testa de Dante com suas asas, apagando o sinal do orgulho. Enquanto um coro angelical entoava 'Beati pauperes spiritu', Dante se afastava com passos leves, porque, uma vez apagada a marca da soberba, todos os outros pecados se tornam fardos mais leves."

Se a pobreza terrena é muitas vezes um fardo, a espiritual é uma fonte de alívio.

Pobreza x riqueza

O estudo do Novo Testamento mostra que tanto ricos quanto pobres social e materialmente aceitaram como recusaram Jesus; tanto em um quanto em outro extrato social encontramos pessoas agindo bem e mal, piedosas e ímpias. Consideramos portanto que Leon L. Morris (p. 120) acertou ao declarar que Jesus não se refere à pobreza material nem faz apologia dela. Segundo ele, Jesus "não está abençoando a pobreza em si mesma: ela pode ser tão facilmente uma maldição quanto uma bênção".

Ao contrário de movimentos religiosos e políticos que procuram ver nas massas empobrecidas e exploradas uma virtude especial, entendemos que estamos diante de realidades que interessam, e incomodam, a Deus, e que devem ser objeto de cuidados e providências, em especial pelos que dizem seguir Jesus. É fato que Jesus alerta sobre como as riquezas podem se tornar uma barreira quase intransponível para quem tem de entrar no Reino (veja Marcos 10:23,25 e Lucas 18:24,25). Quase intransponível, mas não definitiva.

Apesar disso, como alerta Champlin (vol. 2, p. 64), "não devemos imaginar que a pobreza, por si mesma, é condutora à piedade. A experiência humana demonstra que o contrário é a verdade. Muitos dos paupérrimos da terra afundam aos níveis dos animais quanto à moralidade. A única vantagem da pobreza é que remove a barreira possível da abastança. Contudo, impõe outro empecilho, a saber, a preocupação exagerada com os meros requisitos básicos da vida física, não deixando tempo nem energia para a inquirição espiritual. É um mito a ideia de que a pobreza encoraja à 'espiritualidade'. Quando muito, remove alguns obstáculos. No entanto, permanecem de pé excelente lição e esperança neste texto, acerca dos pobres. Podem ser e tornam-se recebedores das graças maiores, e em nada são impedidos de recebê-las. O cristianismo não é uma religião das elites sociais. Cf. 1 Coríntios 1:26ss."

O cristianismo não é elitista nem esotérico; não faz distinção de classe social; e, ao mesmo tempo, embora os ricos (material e intelectualmente) corram o risco de desprezar Jesus, não é impossível que experimentem a salvação (Mateus 19:24,26).

Noções de "riqueza" para o mundo e na Bíblia

Embora a visão do mundo sobre riqueza seja em grande parte a posse de bens materiais, poder e dinheiro, vários pensadores seculares, não ligados ao cristianismo, informam que existem formas de riqueza que são mais importantes e que não têm relação com bens materiais. Alerta-se que o sucesso e a verdadeira prosperidade envolvem outros campos, como família, prestígio, paz, saúde etc.

Mesmo o mundo percebe tanto a riqueza quanto a pobreza que não têm relação com o dinheiro.

Na verdade, Jesus não se importa tanto com riqueza ou pobreza do ponto de vista secular, mas sim com as pessoas, as quais também podem ser "classificadas" como ricas ou pobres do ponto de vista espiritual. A grande preocupação de Jesus é a prioridade no coração das pessoas. Há pobres, e ricos, que só pensam em bens materiais, uns para obter, outros para manter e multiplicar.

A compreensão das bem-aventuranças também passa pela leitura da continuação do Sermão do Monte, onde somos convidados a escolher a quem servir, ou seja, a quem priorizar: Deus ou as riquezas (personificadas em Mamon, divindade pagã). Em Mateus 6:24 está escrito: "Ninguém pode servir a dois senhores; porque ou há de aborrecer-se de um e amar ao outro, ou se devotará a um e desprezará ao outro. Não podeis servir a Deus e às riquezas" ("riquezas" ou "Mamon" nas traduções mais antigas).

Tanto a sabedoria mais sofisticada do mundo quanto a Bíblia alertam que existem diversas formas de riqueza e de sucesso, e que as escolhas entre elas devem ser ponderadas. Poucos são os que negam que o ideal seria que todos fossem ricos material e espiritualmente, bem-sucedidos e prósperos em todas as acepções que cada uma dessas palavras possuem. Mas, em um mundo imperfeito, às vezes são importantes certas opções de valor. Nessa linha, vale citar Provérbios 15:17: "É melhor ter verduras na refeição onde há amor do que um boi gordo acompanhado de ódio."

Quando a riqueza atrapalha

Fox se refere ao episódio em que Jesus confronta o Jovem Rico em Mateus 19:16 como "uma das passagens mais tristes de toda a literatura", observando: "Essa é, no fundo, a história da Humanidade em geral. Rejeitamos a salvação que Jesus nos oferece — nossa chance de encontrar a Deus — porque 'temos grandes posses'; não por sermos muito ricos em termos de dinheiro, pois a maioria das pessoas não o é, mas por termos grandes posses sob a forma de ideias preconcebidas — confiança em nosso próprio julgamento e nas ideias que nos são familiares; orgulho espiritual nascido da distinção intelectual; apego sentimental ou material a instituições e organizações; hábitos de vida a que não desejamos renunciar; preocupação com o respeito dos outros ou, talvez, medo do ridículo público; ou um interesse em honrarias e distinções mundanas. E todas essas posses nos mantêm agrilhoados à rocha do sofrimento que é nosso exílio de Deus."

Fox discorre longamente sobre o assunto da riqueza, reiterando o entendimento apresentado aqui:

"O Jovem Rico é uma das figuras mais trágicas da história, não porque fosse rico, pois a riqueza em si não é nem boa nem má, mas porque seu coração estava escravizado pelo amor ao dinheiro, que Paulo nos diz ser a raiz de todos os males. Poderia ter sido multimilionário em prata e ouro, mas, se seu coração não estivesse preso às riquezas materiais, ele seria tão livre quanto o mais pobre dos mendigos de entrar no Reino dos céus. Mas ele confiava em suas riquezas e isso lhe fechou as portas do céu.

Por que razão a Mensagem de Cristo não foi recebida com aplausos pelos eclesiásticos de Jerusalém? Porque eles eram grandes proprietários — proprietários de sabedoria rabínica, donos de honrarias e cargos de grande importância pública, na qualidade de mestres oficiais da religião — e teriam que sacrificar essas posses para aceitar os ensinamentos espirituais de Jesus. As pessoas humildes e incultas, que ouviam o Mestre com satisfação, felizmente não tinham tais posses para afastá-las da Verdade.

Por que, nos tempos modernos, quando a mesma simples Mensagem de Cristo quanto à imanência e à disponibilidade de Deus, ou quanto à Luz Interior, que arde eternamente na alma do homem, mais uma vez fez sua aparição no mundo, foi novamente, na maioria das vezes, bem recebida apenas entre os simples e os iletrados? Por que não foram os bispos, os deões, os moderadores, os ministros e os presbíteros que a transmitiram ao mundo? Por que não foi Oxford, ou Cambridge, ou Harvard, ou Heidelberg, o centro de onde partiu esse conhecimento, dentre todos o mais importante? De novo a resposta é: porque tinham grandes bens — grandes bens de orgulho intelectual e espiritual, grandes bens de autossatisfação e autossegurança, grandes bens de galardões acadêmicos e prestígio social" (p. 29-30).

Grifamos as ideias preconcebidas, pois é mais uma forma de "riqueza".

Foi depois de conversar com aquele jovem (conforme Lucas 18:18ss) que Jesus explicou: "Como é difícil aos ricos entrar no Reino de Deus! De fato, é mais fácil passar um camelo pelo fundo de uma agulha do que um rico entrar no Reino de Deus." Porém, para a sorte dos ricos de todos os tempos, indagado sobre qual rico então poderia ser salvo, Jesus respondeu: "O que é impossível para os homens é possível para Deus."

Lição semelhante é encontrada em Lucas 12, versos 13 e seguintes, em que um homem pede ajuda a Jesus na disputa de uma herança com seu irmão. Não nos é dito o quanto era rico, mas ao menos a herança era grande o suficiente para ser disputada entre os irmãos. Jesus deu uma solução para aquele homem e ensinou à multidão o seguinte: "a vida de um homem não consiste na quantidade dos seus bens" (Lucas 12:15). Em outras palavras, Jesus afirma que o que faz um homem "rico" não é a quantidade de seus bens, e entre "bens" podemos incluir não só os materiais como também alguns imateriais: diplomas, anéis, cursos no exterior, habilidades, competências etc.

Outro caso de riqueza que podemos citar é a intelectual e religiosa. Uma boa ilustração dos riscos dessas riquezas, quando mal administradas, está em Lucas 7:37ss, onde se conta uma ocasião em que Jesus foi convidado por um dos fariseus para jantar, e uma mulher "pecadora" trouxe um frasco de alabastro com perfume e, chorando, começou a molhar-lhe os pés com suas lágrimas. Depois os enxugou com seus cabelos, beijou-os e os ungiu com o perfume. Ao ver isso, o fariseu que o havia convidado disse a si mesmo: "Se este homem fosse profeta, saberia quem nele está tocando e que tipo de mulher ela é: uma 'pecadora'."

Jesus, conhecendo o que o fariseu pensava, lidou com a situação contando-lhe uma parábola:

"Dois homens deviam a certo credor. Um lhe devia quinhentos denários e o outro, cinquenta. Nenhum dos dois tinha com que lhe pagar, por isso perdoou a dívida a ambos. Qual deles o amará mais?

— Suponho que aquele a quem foi perdoada a dívida maior, Simão respondeu.

— Você julgou bem —, disse Jesus."

Em seguida, Jesus virou-se para a mulher e disse a Simão:

"— Vê esta mulher? Entrei em sua casa, mas você não me deu água para lavar os pés; ela, porém, molhou os meus pés com suas lágrimas e os enxugou com seus cabelos. Você não me saudou com um beijo, mas esta mulher, desde que entrei aqui, não parou de beijar os meus pés. Você não ungiu a minha cabeça com óleo, mas ela derramou perfume nos meus pés. Portanto, eu lhe digo, os muitos pecados dela lhe foram perdoados; pois ela amou muito. Mas aquele a quem pouco foi perdoado, pouco ama."

Aquele fariseu, rico em seu conhecimento e prestígio religioso, não recebeu Jesus com a hospitalidade e o coração aberto que poderia. Ele era rico, não precisava de nada daquele rabi, senão pesquisá-lo, conhecê-lo melhor, julgá-lo. Já a mulher pecadora, pobre de várias maneiras, em especial na boa fama, que não tinha, conseguiu ver em Jesus mais do que um objeto de pesquisa.

Ainda outro fariseu é mencionado por Jesus, em uma de suas parábolas, em Lucas 18:10ss: "A alguns que confiavam em sua própria justiça e desprezavam os outros, Jesus contou esta parábola: Dois homens subiram ao templo para orar; um era fariseu e o outro, publicano. O fariseu, em pé, orava no íntimo: 'Deus, eu te agradeço porque não sou como os outros homens: ladrões, corruptos, adúlteros; nem mesmo como este publicano. Jejuo duas vezes por semana e dou o dízimo de tudo quanto ganho'. Mas o publicano ficou à distância. Ele nem ousava olhar para o céu, mas batendo no peito, dizia: 'Deus, tem misericórdia de mim, que sou pecador'. Eu lhes digo que este homem, e não o outro, foi para casa justificado diante de Deus. Pois quem se exalta será humilhado, e quem se humilha será exaltado."

A comparação é precisa: um rico, outro pobre; um que bastava a si mesmo, outro que precisava da misericórdia de Deus.

Um dos textos mais chocantes é o de Mateus 21:31, em que Jesus alerta que a atitude arrogante e autossuficiente dos doutos e dos religiosos terminam por afastá-los do reino: "Qual dos dois fez a vontade do pai? Responderam-lhe: O primeiro. Disse-lhes Jesus: Em verdade vos digo que os cobradores de impostos e as meretrizes entram adiante de vós no Reino de Deus." Logo, nossa cautela haverá de ser não nos julgarmos tão bons que terminemos por não aproveitar as bênçãos divinas.

Outro caso, mais chocante ainda, é o da riquíssima igreja de Laodicéia, cidade abastada e conhecida não só pela sua pujante indústria de roupas, como também como centro de medicina oftalmológica, famoso pelas pomadas e unguentos que produzia. Nessa igreja, que se nominava cristã, a prosperidade manteve Jesus do lado de fora. Vejamos o texto:

"Ao anjo da igreja em Laodicéia escreva: 'Estas são as palavras do Amém, a testemunha fiel e verdadeira, o soberano da criação de Deus. Conheço as suas obras, sei que você não é frio nem quente. Melhor seria que você fosse frio ou quente! Assim, porque você é morno, não é frio nem quente, estou a ponto de vomitá-lo da minha boca. Você diz: 'Estou rico, adquiri riquezas e não preciso de nada'. Não reconhece, porém, que é miserável, digno de compaixão, pobre, cego, e que está nu. Dou-lhe este conselho: Compre de mim ouro refinado no fogo, e você se tornará rico; compre roupas brancas e vista-se para cobrir a sua vergonhosa nudez; e compre colírio para ungir os seus olhos e poder enxergar. Repreendo e disciplino aqueles que eu amo. Por isso, seja diligente e arrependa-se. Eis que estou à porta e bato. Se alguém ouvir a minha voz e abrir a porta, entrarei e cearei com ele, e ele comigo. 'Ao vencedor darei o direito de sentar-se comigo em meu trono, assim como eu também venci e sentei-me com meu Pai em seu trono'."

Stott (p. 29-30) traçou os seguintes comentários sobre Laodicéia: "Esta igreja visível, apesar de toda a sua profissão cristã, não era de modo algum verdadeiramente cristã. Autossatisfeita e superficial, era composta (de acordo com Jesus) de cegos e mendigos nus. Mas a tragédia era que não o admitiam. Eram ricos, não pobres, de espírito. Ainda hoje, a condição indispensável para se receber o Reino de Deus é o reconhecimento de nossa pobreza espiritual. Deus continua despedindo vazios os ricos. Como disse C. H. Spurgeon: 'Para subirmos no Reino é preciso rebaixarmo-nos em nós mesmos'."

Esse rebaixamento que permite a subida, citado por Spurgeon, tal como a ave que antes de levantar voo se reclina, é algo permitido tanto aos pobres quanto aos ricos materialmente. Às vezes, a riqueza intelectual ou financeira não gera a arrogância, mas sim uma maior sede ou reflexão e, nessas horas, ela pode até ser útil ao Reino.

Quando a riqueza ajuda

Não se pode pensar que a riqueza apenas atrapalha. Em Lucas 7, um centurião romano, homem rico em poder, prestígio e armas, pede socorro a Jesus e diz não ser digno de que o mestre entrasse em sua casa. Um homem rico, que percebia sua pobreza espiritual.

Nicodemos, também fariseu, uma autoridade entre os judeus, não se sentiu "rico" o suficiente com seus saberes e, mesmo que à noite, furtivamente, procurou Jesus para enriquecer-se. Nicodemos afirma: "Mestre, sabemos que ensinas da parte de Deus, pois ninguém pode realizar os sinais miraculosos que estás fazendo, se Deus não estiver com ele" (João 3:2). Sob certo aspecto, então, reconheceu que ainda não era rico o suficiente, e teve a oportunidade de ouvir sobre o "novo nascimento".

Além de rico intelectual e religiosamente, Nicodemos também tinha boa condição financeira, e nós o vemos servindo ao

Senhor em João, capítulo 19, quando "levou cerca de trinta e quatro quilos e de uma mistura de mirra e aloés" para o sepultamento do Messias crucificado.

Outro homem de posses e prestígio era José de Arimatéia, que pediu a Pilatos o corpo de Jesus. José era discípulo de Jesus, ainda que secretamente (porque tinha medo dos judeus). Suas riquezas terrenas e seus interesses políticos não o impediram, contudo, de servir a Jesus indo ter com Pilatos para fazer um pedido incômodo para ambos. Um rico que sabia de sua pobreza espiritual. Um sepulcro novo, onde ninguém jamais fora colocado, não era barato, e também não era fácil ter acesso a Pilatos.

Como se vê, Jesus encontrou "ricos" das mais diversas formas de riqueza terrena que se julgaram carentes, pobres espiritualmente, e encontraram alívio para suas cargas.

Nenhum caso, contudo, parece-me melhor que o do rico Zaqueu, servidor público, cobrador de impostos de uma cidade importante, homem poderoso, com bens e influência. A jornada espiritual de Zaqueu já o tinha levado a descobrir que o que tinha não lhe trazia paz e tranquilidade. Muitos homens pobres materialmente daquela época esmeravam-se em direção ao poder, ao luxo e à riqueza. Os pobres não procurariam Jesus, mas sim os caminhos para ter aquilo que Zaqueu já tinha amealhado.

A sorte de Zaqueu é que ele já era rico, mas se sentia pobre. Talvez por isso tenha subido na figueira brava, desprendendo-se do orgulho tido como apropriado aos homens de sua posição, apenas para ver aquele rabi que apresentava um novo reino, fazia milagres e desprezava o poder e a riqueza de uma forma absolutamente incomum e surpreendente. De certo modo, a riqueza material de Zaqueu tinha contribuído para sua descoberta mais importante: ele era pobre. E, para esses, Jesus tinha não só remédio e algo a dizer: tinha um reino a entregar.

Como de costume, Jesus deixou de lado as formalidades e o protocolo. Antes mesmo de chegar a Jericó (Lucas 18), já tinha curado um cego. Diante de alguém tão poderoso que fazia milagres, obviamente a expectativa geral era de que ao chegar à cidade fizesse milagres ainda maiores, se reunisse com as principais autoridades, os mais prestigiados líderes religiosos dali. Bem, Jesus até fez um milagre maior (mudar a vida de um homem que estava triste, vazio e incapaz de ver sentido em sua vida), mas, em vez de procurar a nata do lugar, convidou-se para ficar na casa de um homem corrupto. Imagine Jesus chegando ao país hoje e, em vez de se reunir com os chefes dos Três Poderes e com os líderes mais importantes do cristianismo, ousasse jantar com os chefes das diversas organizações criminosas de cujas ações a mídia nos informa diariamente. Imagine, estampadas na *Veja*, *IstoÉ* e *Época*, fotos de Jesus comendo e bebendo com políticos, juízes e banqueiros corruptos! Eu imagino. E gostaria de ver alguns deles enfim felizes, prometendo devolver o que roubaram e dando aos pobres metade de suas fortunas! O fato é que a salvação de um único homem materialmente rico bastaria para provar que Jesus ofereceu o seu Reino aos pobres de espírito.

O Velho Testamento traz uma história excelente sobre pessoas ricas que se dispõem, ainda que com alguma hesitação, a abandonar status e glória para conseguir aquilo de que precisam. No caso, trata-se da cura de uma lepra, mas isso vale também para a cura da dor, da solidão, do pecado etc. Em 2 Reis, capítulo 5, acometido de lepra, Naamã, um grande e respeitado general sírio, buscou o profeta Eliseu com seus trajes de honra e muitos bens de sua riqueza, desejoso de comprar sua cura. O profeta nem mesmo o recebeu, talvez para levá-lo a enxergar a pobreza de sua pretensão, que era comprar o milagre com prestígio, poder ou riqueza. E, como se não bastasse, ordenou que ele se despisse (mostrasse sua "pobreza") e se banhasse em um rio muito menos "rico" que os rios do país de onde viera aquele poderoso comandante militar.

Ainda que recebendo o prestimoso socorro de seus conselheiros, e depois de alguma revolta, o fato é que Naamã desnudou sua pobreza, abriu mão de suas ideias preconcebidas e de seu "roteiro" para o milagre que queria e obedeceu. E foi curado, servindo como mais um exemplo bíblico de um homem rico que recebeu o que buscava de Deus ao reconhecer a própria pobreza.

Voltando ao Novo Testamento, em 2 Coríntios 1:26-29, encontramos uma interessante passagem que reflete nossa conclusão: a maioria dos que se salvam são pobres, mas também existem entre nós aqueles que antes da conversão eram ricos, poderosos e sábios:

"Irmãos, pensem no que vocês eram quando foram chamados. Poucos eram sábios segundo os padrões humanos; poucos eram poderosos; poucos eram de nobre nascimento. Mas Deus escolheu o que para o mundo é loucura para envergonhar os sábios, e escolheu o que para o mundo é fraqueza para envergonhar o que é forte. Ele escolheu o que para o mundo é insignificante, desprezado e o que nada é, para reduzir a nada o que é, a fim de que ninguém se vanglorie diante dele." Trata-se não só do objeto da bem-aventurança, mas também de nossa dependência divina.

Porém, não custa indagar-se: será que a maior parte dos salvos é de pobres apenas porque os pobres, afinal, são a maioria da população?

E depois de fazer jus ao Reino? Qual é o nosso sistema de valores?

O primeiro cuidado é não valorizar a pobreza material como uma virtude, já que evidentemente não era a isso que Jesus se referia. Outro, é não permitir que a Riqueza material, tão tosca para agradar a Deus e inútil para obter o Reino, seja tomada como referencial ou como objetivo principal na vida da comunidade.

As igrejas vivem este dilema: em uma parte delas, a riqueza é tratada como um mal em si, e o desejo de crescimento pessoal, de sucesso profissional ou financeiro, o empreendedorismo, tudo é visto com desconfiança, como se fossem quase pecaminosos, ou pecaminosos mesmo! Em outras igrejas, em sentido diametralmente oposto, mas igualmente errado, há uma busca desenfreada por sinais exteriores de riqueza e prosperidade. É quando não só a riqueza secular se confunde com aprovação divina, mas o próprio Deus é visto como um investimento ou um empregado, cuja principal obrigação é conceder benesses financeiras.

A correta compreensão da primeira bem-aventurança deveria levar o rebanho a uma relação mais saudável com a pobreza e, em especial, com a riqueza terrena, não a desprezando nem a colocando em um altar, até porque nos altares cristãos a única figura aceitável é a do próprio Cristo ressurreto.

Em uma linha tristemente equivocada, pastores, líderes e cristãos em geral vêm mostrando um desejo exagerado por receber fama e homenagens, sendo um símbolo disso as campanhas de ofertas em que o "investidor" recebe diplomas, promessas de orações especiais e até tijolos ou placas com nomes dos benfeitores, em total contraste com a postura bíblica de não saber a mão direita o que a esquerda entrega de oferta (Mateus 6:3).

O Reino

O Reino de Jesus não é daqui, sequer é humano, embora os seres humanos sejam chamados para serem cidadãos dele. Não é um reino como foi o de Roma, o referencial daquela época, nem será como qualquer outro reino engendrado pela nossa raça. Embora com ruas de ouro, não terá a ostentação nem a glória terrenas. Jesus sempre se referiu ao Reino dos céus.

Na oração do Pai Nosso há o pedido "Venha o teu Reino". Não cremos que estamos diante apenas de um pedido de antecipação da volta do Messias, mas sim de um pedido para que, pela intervenção dele e participação nossa, esse Reino diferente, com seus valores e suas alegrias, já comece a ter validade e existência desde já.

Podemos imaginar, e tornar realidade, que cada casa onde Jesus já reina se torne uma pequena embaixada desse reino, que cada empresa, ou igreja, ou clube, enfim, que cada lugar onde haja um cidadão do reino, com suas virtudes e caráter, seja uma antecipação daquele reino futuro. Imagine chegar numa casa e ler: "Nesta casa já se estabeleceu o reinado de Jesus Cristo, Rei dos reis, Senhor dos senhores, diante de quem todo joelho um dia se dobrará."

Mais que imaginar, se você se entregar ao Rei, e desenvolver diariamente o caráter de cidadão desse novo Reino, sua casa, sua empresa, sua igreja, seu carro, seu computador, seus hábitos, sua alegria, tudo isso será uma pequena amostra, um começo, um *souvenir*, um *test drive*, uma propaganda, um exemplo para o mundo de um Reino revolucionário, com um Rei mais revolucionário ainda.

Lógicas diversas

Já mencionamos o texto em que Deus afirma ter escolhido a loucura desse mundo para confundir os sábios. De fato, Deus parece apreciar a inversão da matemática e da lógica humanas. Aliás, mesmo os deuses humanos são bem diferentes do que ele se apresenta. Os deuses humanos desejam que seus servos trabalhem e se sacrifiquem; o Deus diferente trabalha por aqueles que nele esperam e ele mesmo se oferece como sacrifício. Enquanto tanto homens quanto os deuses que os homens criam julgam que o maior é aquele que é servido por muitos, Jesus, a personificação humana dessa divindade incomum, afirma — e age — que o maior é aquele que serve a muitos.

Mais de uma vez os exércitos de Israel foram tanto mais vitoriosos quanto menor o número de soldados que tinha, e maior o número de inimigos. Algumas vezes Deus chega a diminuir o número dos soldados de Israel na frente de batalha, como fez com os trezentos de Gideão, para deixar claro que é a sua intervenção, e não a força humana, que decide as batalhas. Quando pensamos estar fracos, então é que somos fortes, porque a força dele "se aperfeiçoa na fraqueza". Em suma, os números isoladamente contam muito pouco (aliás, essa afirmação é bastante repetida pelo general chinês Sun Tzu, autor do livro *A arte da guerra*). Daí procede a expressão hoje popular de que "um mais Deus é maioria".

Outra mostra dessa matemática diferente (de um Deus que quer homens diferentes também) é a comparação entre as duas multiplicações de pães e peixes que Jesus fez. Quando havia mais pães e peixes, e menos gente para comer, a sobra foi menor (e não maior) do que quando mais pessoas se alimentaram de menos comida.

MULTIPLICAÇÃO	TEXTO	QUANTIDADE DE COMIDA	PESSOAS ALIMENTADAS	SOBRA DE COMIDA
1A	Mateus 14:17s	5 pães e 2 peixes	5.000	12 cestos
2A	Mateus 15:32s	7 pães e alguns peixes	4.000	7 cestos

Essa lógica diferente se completa com um Deus preocupado em atender a quem precisa, um Deus cavalheiresco o suficiente para não "incomodar" aqueles que estão satisfeitos e acham que bastam a si mesmos. Nesse passo, afirma que "os sãos não precisam de médicos, mas os doentes". Assim, os que estão se julgando bem, mesmo que possam não estar, são objeto de um respeitoso esperar da parte de Deus. É o Deus cavalheiresco que sussurra, mesmo para os que se afastaram dele: "Eis que estou à porta, e bato. Se alguém ouvir a minha voz, e abrir a porta, entrarei, e cearei com ele, e ele comigo."

Caso seja aberta a porta, Jesus entra na mente e no coração, e propõe uma nova mente. Seu Espírito poderá ajudar na construção de uma nova ética, um novo caráter, em que os Dez Mandamentos, as bem-aventuranças e o fruto do Espírito sejam resultado de um processo de crescimento. E essa nova lógica, radicalmente diferente, continuará sendo proposta. Afinal, é Jesus quem diz: "Quando deres um jantar, ou uma ceia, não convides teus amigos, nem teus irmãos, nem teus parentes, nem os vizinhos ricos, para que não suceda que também eles te tornem a convidar, e te seja isso retribuído. Mas quando deres um banquete, convida os pobres, os aleijados, os mancos e os cegos; e serás bem-aventurado; porque eles não têm com que te retribuir; pois retribuído te será na ressurreição dos justos" (Lucas 14:17-24).

Conclusão

Para os que desejam, ele tem um Reino a entregar. A salvação, Jesus entrega na hora, pela fé; o Reino, a santificação e o exercício da cidadania integral são entregues mediante um processo de crescimento e iluminação cuja conclusão se completará apenas com sua segunda vinda.

O Messias tem reservado um banquete para os que têm fome do pão da vida, um Reino para aqueles que o procuram após perceberem-se espiritualmente pobres, compreendendo que, quando o assunto é a vida, esta e a eterna, a saúde e a segurança, não nos bastamos a nós mesmos.

Representado pelo Pai na parábola do filho pródigo, Deus é aquele que respeita o desejo do filho que quer ir embora e lhe entrega antecipadamente sua parte na herança. O mesmo Deus que fica esperando o filho na varanda, com saudades. Quando o filho aparece no horizonte, tomando a iniciativa, o Pai corre em sua direção. Essa é a postura costumeira da Trindade, de Deus, Jesus e o Espírito Santo: um amor constante e respeitoso, um constante procurar e acompanhar tão logo isso seja permitido pelo filho.

A soma dessas lições indica um Deus com duas características muito firmes: primeiro, é um Deus diferente, e com uma lógica diferente da lógica humana e das sociedades humanas. Segundo, é um Deus que respeita, que não invade nem se intromete, mas que permanece à espera. Tão logo o filho, caindo em si, deseja e permite a intervenção do pai, ela se opera.

Essa lógica não apenas ocorre na salvação, mas também no aperfeiçoamento das bem-aventuranças. Assim, cientes de nossa pobreza, mas também da riqueza inesgotável de um Pai generoso, convidamos você, leitor, a desde logo fazer-se cidadão do Reino dos céus e a prosseguir na leitura e na reflexão a respeito das próximas bem-aventuranças.

Referências Bibliográficas

CHAMPLIN, R. N. *O Novo Testamento interpretado: versículo por versículo.* Vols. 1 e 2. São Paulo: Hagnos, 2002.

FOX, E. *O Sermão da Montanha.* 17ª edição. Rio de Janeiro: Record, 1996.

LLOYD-JONES, M. *Estudos no Sermão do Monte.* 3ª edição. São Paulo: Fiel, 1992.

MORRIS, Leon L. *O Evangelho de Lucas — introdução e comentário.* 1ª edição. São Paulo: Vida Nova, 1983.

SHEDD, R. P. *O Novo Comentário da Bíblia.* 6ª edição. São Paulo: Vida Nova, 1983.

STOTT, J. R. W. *A mensagem do Sermão do Monte.* 2ª edição. São Paulo: ABU Editora, 1989.

TASKER, R. V. G. *Evangelho segundo Mateus — introdução e comentário.* 1ª edição. São Paulo: Vida Nova, 1980.

VINCENT, Martin. *Word studies in New Testament.* Vol. 1. Michigan: Wm. Eerdmans, 1946.

Capítulo 2

Bem-aventurados os que choram,
pois serão consolados. (Mateus 5:4)

Davidson Freitas

Contexto

Podemos encontrar no Antigo Testamento vários textos que abordam as bem-aventuranças, especialmente Provérbios e Salmos, livros constantemente lidos nas sinagogas. Em grande parte dos textos, as bem-aventuranças estão diretamente ligadas ao nome do Deus de Israel, já que decorrem do favor de Deus para com os seres humanos.

Quando Jesus nasceu, Herodes, o Grande, era o monarca de Judeia e Samaria. Ele morreu em 4 d.C. e seu reino passou para o filho, Arquelau, que foi acusado de mau governo e banido. Assim, Judeia e Samaria passaram para a administração direta de Roma, por meio de uma série de governadores e prefeitos, conhecidos como procuradores. Pôncio Pilatos foi o procurador da Judeia durante o ministério de Jesus.

A sociedade romana havia deificado a figura do imperador a partir de um decreto do senado que procurava honrar Augusto após a sua morte. Porém, alguns imperadores reivindicaram sua própria divindade para serem adorados ainda em vida. Entre eles estavam Nero e Calígula. A religião oficial romana havia adotado parte da mitologia grega. A sociedade contemporânea de Jesus conhecia uma diversidade de religiões que oferecia caminhos variados para ligar o ser humano ao que era considerado sagrado. Como o império romano agregava todos os povos subjugados, tornou-se palco de uma diversidade de credos, que ao longo do tempo fundiam-se em um sincretismo confuso em muitos aspectos.

Nesse contexto, as pessoas estavam muito interessadas em ouvir e conhecer mais sobre a possibilidade de um relacionamento íntimo com Deus. Em um ambiente de forte paganismo, religiões místicas, superstições, crendices e várias filosofias contribuíam para um ambiente religioso confuso e legalista. Os judeus estavam divididos em, pelo menos, cinco seitas: fariseus, saduceus, zelotes, herodianos e essênios. As crenças judaicas estavam baseadas nos atos de Deus na sua história, conforme registrados e interpretados no Antigo Testamento. Essa era uma diferença importante com relação às religiões pagãs, oriundas da mitologia, do misticismo ou das especulações filosóficas. Os deuses dessas religiões, de acordo com os mitos que os cercavam, muitas vezes apresentavam comportamentos condenáveis, o que gerava certa perplexidade em seus seguidores. Por isso, o judaísmo atraía muitas pessoas e a expectativa pela volta do Messias crescia significativamente. Mas não se esperava um Messias que fosse ao mesmo tempo Deus e homem e muito menos que se entregasse para ser morto pelos pecados humanos.

Na sociedade daquela época já havia a concentração da riqueza nas mãos de pequenos grupos. Poucos ricos e muitos assalariados dominados e dependentes, além dos escravos. Havia os proprietários de terras, os fornecedores do governo, os aristocratas do senado, os assalariados e os escravos. Longe de se relacionar a questões raciais, a escravidão envolvia criminosos, endividados e prisioneiros de guerra. Não havia uma classe média forte e a maioria atuava na agricultura, mas surgiam oportunidades no comércio e na construção. Na sociedade judaica, prevalecia uma menor diferenciação entre as classes sociais, em razão da influência mais justa e niveladora do judaísmo. Contudo, existia a elite política e religiosa que estava concentrada em Jerusalém e formava a classe mais alta.

Os princípios morais estavam muito abalados e os pecados sexuais em geral encabeçavam as listas das fraquezas morais proibidas. Formas de imoralidade costumavam ser atribuídas aos deuses pagãos da época. A prostituição era fato conhecido por todos: maridos e pais prostituíam esposas e filhos; a maior parte da cidade era tolerante com a pederastia e outros comportamentos homossexuais.

Da mesma forma que acontece em qualquer sociedade, a família formava a unidade básica da sociedade contemporânea de Jesus, mas não incluía somente marido, esposa e filhos não casados, havia também os filhos casados e seus cônjuges, netos e todos os escravos que lhes pertenciam. Os laços de família eram muito fortes e importantes para os judeus da época de Jesus. As mulheres viviam sob severas restrições, eram incultas e dominadas pelos homens dentro de casa e nas instituições religiosas e políticas. Da mesma forma, os filhos viviam sob a autoridade quase irrestrita do pai.

Assim como até hoje acontece, os judeus esperavam a chegada do Messias e não entendiam que Jesus havia chegado para cumprir as promessas feitas por Deus ao povo. Mateus, o publicano, cobrador de impostos a serviço do governo romano, homem rico, mas discriminado pelos seus compatriotas, aceitou o convite de Jesus para segui-lo, tendo assim sua vida transformada pela graça de Deus. Registra então momentos decisivos do ministério de Jesus, relatando ao seu povo que já não era mais necessária a espera pelo Messias, pois ele havia chegado e operado milagres na vida da humanidade.

As bem-aventuranças revelam quem são felizes aos olhos de Deus e apresentam as promessas feitas aos discípulos fiéis do Reino. A verdadeira felicidade inclui aquele bem-estar associado à correta relação do ser humano para com Deus. Nós somos os discípulos de Cristo e como discípulos devemos aprender seus ensinamentos e apegar-nos a ele, confiando em suas palavras.

Desde a primeira geração de cristãos vem sendo disseminada a certeza de que a chave para o dilema da vida humana está em Jesus Cristo, o Reconciliador do ser humano com o Criador. Da mesma forma, Jesus veio para dar aos seres humanos o descanso sobre suas lutas e dificuldades, para trazer consolo a um povo oprimido política, social e economicamente, não trazendo a liberdade material, mas visando à eternidade de todos aqueles que se dispusessem a seguir os seus ensinamentos.

Os judeus esperavam pelo Messias confiados nas profecias e nos exemplos de amor e cuidado de Deus contados pelos seus antepassados. Eles criam no Deus criador de todo o universo descrito no livro do Gênesis; reconheciam Deus como o pastor que não deixava nada que era necessário faltar e que dava refrigério à alma dos aflitos e angustiados, que os acompanhava em todas as situações de risco. Eles respeitavam o nome de Deus e se policiavam para não usá-lo em vão. Eles sabiam que suas forças se renovavam quando esperavam pelo Senhor. Sabiam ainda que foram escolhidos por Deus como seu povo. Mas a espera os angustiava. Jesus veio para esse povo, mas sua ansiedade focada nas questões visíveis e materiais os impediu de vislumbrar a providência divina revelada na vinda e na vida de Cristo.

Jesus havia percorrido toda a Galileia curando os enfermos, ensinando nas sinagogas e pregando o evangelho. A notícia de suas ações percorria todas as cidades. Uma grande multidão vinda de várias cidades o seguia. Ele a tratava como um Mestre cuida de seus seguidores, sempre disposto a ensinar. As bem-aventuranças foram proferidas em um desses momentos, quando Jesus parou sobre o monte cercado pelos seus discípulos e pela multidão que, ao ver que Jesus se assentou, colocou-se ao seu redor para ouvi-lo.

Há muito tempo o povo ouvia falar das bem-aventuranças prometidas no Antigo Testamento, mas a situação era de opressão e miséria. A fama de Jesus havia criado uma expectativa na multidão. Ano após ano os pais anunciavam aos filhos uma época de alegria plena, mas ainda não tinham experimentado da alegria prometida por Deus.

O Sermão do Monte iniciou-se com uma mensagem de alegria a um povo oprimido e sem esperança. Jesus apresenta uma esperança viva. As bem-aventuranças mostram a inversão que Deus faz nos valores do mundo, pois na sua visão são considerados afortunados e felizes os pobres; os tristes; os humildes; os perseguidos; os justos; os misericordiosos; os puros e os pacificadores. Assim, justamente aqueles que mais eram discriminados são apresentados por Jesus como os abençoados!

As bem-aventuranças, como parte do Sermão do Monte, não são somente ensinamentos, mas também experiências íntimas da vida de Jesus. Por isso, não devem ser lidos e ouvidos simplesmente, mas sim experimentados, vividos, refletindo a profunda intimidade com Deus adquirida por uma vida de busca e obediência.

O choro

Em um mundo tão violento, o choro não é algo raro. É motivado pela perda de valor da vida humana, quando pessoas amedrontadas, em pânico, trancam-se em suas próprias casas transformadas em fortalezas na tentativa de ficarem a salvo do homem mau. É motivado pela morte de entes queridos, pela violência no lar, por fome e sede, pelos vícios, pela ausência de esperança em um futuro melhor. Corações se angustiam por não vislumbrarem saída, considerando o momento presente o fim de suas vidas.

Também há choro de consciências pesadas por erros do passado, que geram paralisia por um remorso quase invencível. Choramos pelos erros que cometemos que nos trouxeram grandes consequências, que entristeceram nosso coração ou o coração de pessoas que nos amam. Muitos, sentindo-se escravizados pelos erros, choram em busca da liberdade que perderam ao se entregarem aos erros que destruíram vidas. Quem não experimentou o sentimento expresso pelo apóstolo Paulo: "Pois não faço o bem que quero, mas o mal que não quero. Portanto, se faço o que não quero, já não sou eu quem o faz, mas o pecado que habita em mim" (Romanos 7:19,20). Esse choro representa o estar profundamente triste com nosso próprio pecado, por isso o lamentamos e sentimos a necessidade de arrependimento. Foi assim com a mulher pecadora que ungiu os pés de Jesus em Lucas 7:36-50. Era uma mulher de má reputação, uma prostituta que, sem ser convidada, entrou na casa do fariseu, levando um vaso de alabastro com unguento e, "pondo-se atrás dele e chorando aos seus pés, começou a molhar-lhe os pés com as lágrimas e a enxugá-los com os cabelos; e beijava-lhe os pés e derramava o perfume sobre eles" (v. 38). O choro representa contrição, arrependimento, fé e humildade, ingredientes necessários para o abandono de uma vida de pecado. A descoberta do próprio pecado leva o crente a chorar diante de Deus, suplicando pelo perdão e pela mudança de coração. E, uma vez que o crente se torna humilde de espírito e chora diante de Deus, o Espírito Santo lhe traz consolo, alegria e avivamento. Devemos aprender a olhar para dentro do nosso coração e a chorar por conta dos nossos pecados, buscando a transformação que nos leva para longe da queda. O choro produzido pela dor relativa aos próprios pecados nos faz experimentar a felicidade do perdão e do avivamento. Muitos que olharam para o seu interior se descobrem orgulhosos, críticos dos outros, acomodados em relação a Deus, amigos dos prazeres do mundo, sem domínio próprio, invejosos, amargurados no coração e insensíveis às necessidades do próximo. O pecado afasta o indivíduo de Deus e de seus semelhantes, gerando um processo de isolamento pela culpa, pela vergonha ou pela rejeição de outros que aparentemente vivem livres do peso dos erros cometidos. Quem esconde, nega, encobre ou defende seus pecados está no caminho errado. Os que choram por seus pecados serão consolados pelo Senhor. Foi assim com a mulher pecadora sobre a qual Jesus falou: "Por isso te digo: os pecados dela, que são muitos, lhe são perdoados, pois ela amou muito, mas aquela a quem se perdoa pouco, este pouco ama" (Lucas 7:47). Reconhecer o perdão produz o amor. Pedro ouviu de Jesus: "mas eu roguei por ti, para que tua fé não esmoreça" (Lucas 22:32). A segurança do cristão é a intercessão de Jesus; pois aqueles que passaram a ser filhos de Deus ouvem: "Voltai, ó filhos rebeldes, e curarei a vossa rebeldia. Eles responderam: aqui estamos, vimos a ti, porque tu és o Senhor nosso Deus" (Jeremias 3:22). O Senhor nos cura do peso de nossos pecados por meio do sacrifício de Cristo na cruz.

Não podemos, contudo, limitar o choro ao que ocorre em decorrência dos pecados individuais, mas devemos considerar também que o regenerado e perdoado aprende a amar a Deus de tal forma que começará a chorar diante dos pecados cometidos pelos outros em sua própria geração. Desta forma, o seu pranto está centrado em Deus, não no homem. Ele suspira e clama não somente diante de seus próprios pecados, mas também por causa das transgressões dos outros, pois sofre com o fato de que seu amado Deus está sendo desonrado. Chorar, na segunda bem-aventurança, indica uma tristeza que emana do coração, toma posse da pessoa toda e se manifesta exteriormente mediante suas atitudes e reações. Ao refletir sobre as Escrituras, Daniel percebeu o quão pecador era e, ao prantear e confessar seus pecados e os pecados do povo cativo, rogou ao Senhor pelo perdão: "Ó Senhor, ouve! Ó Senhor, perdoa! Ó Senhor, atende-nos e age sem tardar! Por amor de ti mesmo, ó Deus meu, porque a tua cidade e o teu povo se chamam pelo teu nome" (Daniel 9:19).

O choro expressa a condição de impotência frente a questões tidas como impossíveis. Após reconhecer a condição de miserabilidade espiritual, a reação do ser humano é o choro. Ao experimentar uma dor profunda, a única saída é o choro. Mas a promessa feita aqui por Jesus é que o consolo chegará. Jesus, neste texto, está reforçando a declaração que encontramos no Salmo 30:5: "Porque a sua ira dura só um momento; no seu favor está a vida. O choro pode durar uma noite, mas o cântico de júbilo vem de manhã."

Por outro lado, existe o choro que não precisa de consolo, pois brota de corações gratos pelos feitos de Deus em suas vidas. Choramos quando revemos pessoas importantes para nós; choramos quando olhamos para nossa própria vida e percebemos o que

Deus tem feito e transformado em nós; choramos quando sentimos o toque do Espírito Santo de Deus em nosso coração; choramos no altar onde consagramos ao Senhor o lar formado em sua presença; choramos ao pegar no colo pela primeira vez o filho que nasce; choramos na hora que vemos o filho voltando para casa depois do primeiro dia de trabalho de sua vida. Enfim, choramos quando olhamos para a longa estrada de nossa vida e podemos perceber os sinais visíveis da generosidade de Deus para conosco. Cada pessoa tem diversos motivos para chorar de alegria e gratidão. Devemos louvá-lo diariamente por seus grandes feitos! Infelizmente, a nossa limitada natureza humana nos impede de chorar mais vezes em contrição e gratidão a Deus. Esse choro não precisa de consolo.

Chorar por si só não tem valor nenhum. Por isso, muitos choram sem consolação. O choro de valor é aquele que evoca um arrependimento sincero ante o erro cometido, não só com relação ao próximo, mas com relação a Deus. O choro válido é aquele dos que choram por seus problemas reais, importantes para suas vidas, porque não sabem o que fazer diante do sofrimento. Felizes e abençoados são aqueles que sabem que são pobres espiritualmente e, por isso, choram. Choram por terem dado espaço ao inimigo para atuar em suas vidas e destruir relacionamentos.

Muitas vezes, deixamos de chorar por estarmos com o nosso coração insensível ao que acontece ao nosso redor. No entanto, os que choram são recompensados com o consolo de Deus. A tristeza faz a alma olhar para Deus, e Deus, por sua vez, confere consolo aos que buscam sua ajuda. É ele quem perdoa, liberta, fortalece e acalma. Aqueles que clamam, com um choro que brota de suas almas, são recompensados por Deus com a bênção do consolo.

Encontramos na Bíblia vários episódios que relatam o choro: Esaú chorou ao ver o erro que cometera ao trocar seus direitos por um prato de lentilhas; Jacó chorou de dor ao ver as roupas estraçalhadas de seu amado filho José; José chorou ao rever seus irmãos, os mesmos que o haviam vendido anos atrás; Ana chorou angustiada por sua madre cerrada, mas derramou seu coração diante do Senhor e experimentou a graça; o rei Davi chorou ao despedir-se de seu amado amigo Jônatas; Jeoás chorou ao ver o profeta Eliseu enfermo e clamou por misericórdia; o rei Ezequias chorou amargamente ao ouvir do profeta Isaías que não se recuperaria de sua enfermidade e experimentou a graça de Deus que lhe deu uma nova oportunidade; Jesus chorou ao ver o estado espiritual lastimável da cidade de Jerusalém tomada pelo pecado e pela hipocrisia religiosa de muitos; Jesus chorou ao chegar em Betânia e ver o túmulo de Lázaro, seu amigo; Pedro chorou amargamente após negar a Jesus pela terceira vez e lembrar-se de sua própria infidelidade ao Mestre; Paulo chorou por seu espinho na carne, mas ouviu do Senhor: "A minha graça te basta!" (2 Coríntios 12:9).

Para mostrarem-se fortes diante das intempéries da vida, muitas pessoas não se permitem chorar diante dos outros. Nessa luta, fecham seus corações, endurecem seus sentimentos para esconder sua fragilidade. Porém, para Jesus, felizes são aqueles que choram! Para eles, há consolo; não há tristeza, mas sim verdadeira alegria.

O consolo

Ao escrever o livro de Apocalipse, João descreve sua visão com uma promessa real para todos aqueles que decidem seguir Jesus: "Ele lhes enxugará dos olhos toda lágrima; e não haverá mais morte, nem pranto, nem lamento, nem dor, porque as primeiras coisas já passaram" (Apocalipse 21:4).

Quando Jesus começou a falar à multidão, na encosta do monte, tudo era novo para aquelas pessoas, que estavam admiradas com aquele conteúdo, tão diferente das doutrinas dos rabinos e dos sacerdotes. As palavras de Jesus eram doces e demonstravam o amor de Deus. Quem estava ali podia sentir a existência de um ser capaz de ler os segredos da alma, e que deles se aproximava com compaixão e palavras de eterna bondade.

O consolo de Cristo alcança aqueles que choram a perda de pessoas queridas, cujas vidas foram ceifadas pela morte, muitas vezes brutal e inesperada, por força dos distúrbios da vida urbana, deixando um vazio e um sentimento de não ter aproveitado melhor a vida ao lado de quem se perdeu. Chorar a morte de alguém que se ama é um direito autêntico, vivido também por Jesus Cristo.

O consolo divino chega àqueles que choram indignados com a injustiça cada vez mais presente em nossa sociedade, aos inconformados com a violência que marca a vida deste século, aprisionando, amedrontando e eliminando milhares de inocentes. Os que choram inconformados com a realidade do mundo rebelde serão consolados pelo Rei dos reis, o príncipe da paz. Paulo nos exorta a não moldar nossa vida ao esquema deste mundo (ver Romanos 12:2). Aqueles que já se acostumaram com o pecado, considerando tudo normal, não choram pela triste realidade à sua volta. Os que não se conformam com a falta de amor deste mundo e se dedicam ao auxílio àqueles que choram e sofrem à sua volta ouvirão do Senhor: "Vinde, benditos de meu Pai. Possuí por herança o Reino que vos está preparado desde a fundação do mundo; porque tive fome, e me destes de comer; tive sede, e me destes de beber; era estrangeiro, e me acolhestes; precisei de roupas, e me vestistes; estive doente, e me visitastes; estava na prisão e fostes visitar-me" (Mateus 25:34-36). Serão consolados e renovados em suas forças aqueles que não se acomodam, mas lutam para que a justiça prevaleça, independentemente de seus próprios interesses, mas por sua integridade aprendida com Jesus Cristo. Se você está lutando por seus direitos ou pelos direitos dos outros e por isso tem vivido momentos de angústia, tenha a certeza de que, ao chorar aos pés da cruz de Cristo, você terá suas forças renovadas, refrigério na alma e esperança, por colocar sua vida à disposição de Deus para a construção de uma realidade melhor.

Jesus promete consolo, o consolo que vem pela fé, pela entrega total em suas generosas mãos. Com fé, as provações amargas e difíceis de suportar serão vencidas. Muitos somente voltaram seus olhos para Jesus no momento em que buscavam consolo para suas dores. Não teriam conhecido Jesus caso não tivessem sofrido algum tipo de tristeza. Quando sofremos, podemos buscar de Deus o conforto. Cristo ampara o coração contrito e purifica a alma pesarosa.

Deus não se alegra em ver seus filhos sofrerem. Seu desejo é que olhemos para cima e sintamos o seu abraço nos amparando e consolando nos dias de grande angústia. Ele tem prazer em consolar os que choram e abre caminho na alma ferida e quebrantada com seu amor puro e verdadeiro, derramando o bálsamo que cura a dor que nos leva ao pranto.

As lágrimas nos lembram do mal que está neste mundo e a sua necessidade de redenção em Cristo Jesus. Elas nos lembram ainda de que não estamos no verdadeiro lar prometido para a eternidade. Somente os que choram sentem a dor do mundo, seja em suas próprias vidas ou na vida daqueles que sofrem ao seu redor.

Contudo, o período de choro não pode durar por toda a vida. O momento de pranto nos leva a buscar saídas. É preciso passar desta fase e iniciar a reconstrução da vida, o começar de novo tantas vezes cantado, mas um recomeçar diferente, dependente de Deus, obediente aos seus princípios e ensinamentos. No período de choro, muitos de nós reconhecemos que estamos no fundo do poço e, conscientes de nossa própria incapacidade para nos livrar desta situação, buscamos socorro, aquele que vem do alto, do trono de graça de Jesus Cristo.

É preciso que nos momentos de angústia possamos buscar o consolo que levanta nossa fronte e nos capacita a olhar para a frente, crendo que caminharemos por novas sendas preparadas por aquele que tem poder para mudar a nossa perspectiva de vida, nos transformar e fazer de nós novas criaturas: Deus.

Quando choramos reconhecendo nossa impotência em resolver questões difíceis demais para limitada sabedoria, abrimos espaço para a ação daquele que conhece o mais íntimo de nosso coração. Por isso, não adianta tentarmos esconder os problemas, os erros, as aflições e as angústias de nosso coração, porque Deus já os conhece, mas espera que entreguemos tudo isso em seu altar! Deus está sempre interessado em nós, não se importando com a quantidade de erros que cometemos, mas considerando sempre seu amor puro e verdadeiro. Confiar no amor de Deus é um passo importante para experimentar o consolo que somente ele pode nos proporcionar. Aqueles que não reconhecem a situação difícil em que se encontram não conseguem chorar porque tentam enganar a si mesmos e não buscam a solução definitiva para suas vidas. Com isso, os problemas vão se acentuando e tornando-se cada vez mais complicados. Quando o choro nos leva a desejar a manifestação do poder de Deus em nossa vida, experimentamos o consolo prometido por Jesus nessa bem-aventurança. Consolados pelo Espírito Santo de Deus, nos tornamos fortes para viver uma mudança radical em nossa vida, experimentando vitórias sobre as falhas pessoais, os vícios, as tentações, as fraquezas e as quedas que outrora experimentamos quando estávamos lutando por nossas próprias forças.

Jesus promete claramente consolo aos que choram. Ele não usa meias palavras, mas o faz de maneira clara e incisiva. Ao demonstrar seu amor por nós curando enfermos, restaurando vidas, operando milagres especiais e mais ainda, entregando-se por nós na cruz, ele aponta o caminho no qual nos sentiremos consolados. Cristo entregou-se na cruz para que nós não perecêssemos! Isso está claramente definido em João 3:16: "Porque Deus amou tanto o mundo, que deu o seu Filho unigênito, para que todo aquele que nele crê não pereça, mas tenha a vida eterna." Porque nos ama de maneira especial, Deus quer nos proporcionar uma vida plena, com choros, mas não solitária ou em desamparo; uma vida plena do consolo que só pode vir dele. Por nos amar, Deus nos dá força para viver, mesmo em um mundo tenebroso e mau.

O consolo chega para aqueles que se arrependem dos erros do passado e buscam viver de forma diferente. Paulo foi um grande exemplo da transformação operada pela graça de Deus: de perseguidor a discípulo, ele experimentou a mudança radical como consequência de um encontro verdadeiro com Jesus. Por isso, em momentos de fraqueza ele sabia que seria forte pelo poder de Deus operando em sua vida! Essa possibilidade também é real para mim e para você. Mas, para isso, devemos permitir que Deus trabalhe em nós e mude o que precisa ser mudado.

Para nos consolar, Deus usa pessoas que se aproximam muitas vezes sem palavras, mas com um sorriso, um olhar, um suspirar ao nosso lado, assegurando sua presença conosco para o que vier; mesmo que não saibam o que dizer, apenas isso já nos conforta. Por isso é importante viver em comunhão com nossos irmãos em Cristo! Nas horas difíceis poderemos contar com a companhia daqueles que compartilham do mesmo sentimento de amor, compaixão e solidariedade e, por isso, podem chorar conosco em nossas angústias e celebrar ao nosso lado as vitórias que vivemos pela generosidade de Deus.

Para nos dar coragem, Deus transforma situações em nossa vida, pois, conforme Efésios 3:20, "é poderoso para fazer bem todas as coisas, além do que pedimos ou pensamos, pelo poder que age em nós".

Não importa o motivo ou a dor que faz você chorar. Mesmo naqueles momentos em que ninguém parece achar palavras para consolar seu coração, se você tem Jesus, você é um bem-aventurado, porque ele pode renovar as suas forças. Enquanto estivermos neste mundo haverá choro, mas Cristo estará conosco todos os dias nos momentos de tristeza por meio do seu Espírito, que é o Consolador. Ter essa certeza nos faz ver a vida de outra maneira, seguros no amor de Deus por nós, amor que não falha, que não decepciona, que não frustra, mas que protege, cuida e consola.

Somente é possível viver isso pela fé que nos leva à entrega de nossa vida nas mãos do único que pode providenciar esse consolo: Deus.

CAPÍTULO 3

Bem-aventurados os humildes, pois eles
receberão a terra por herança. (Mateus 5:5)

GUILHERMINO CUNHA

Os humildes de espírito herdarão o Reino dos céus; e os mansos de coração herdarão a terra. Mansidão e humildade são virtudes de Jesus. Foi ele mesmo quem disse: "Aprendei de mim, porque sou manso e humilde de coração" (Mateus 11:29). Ser manso e humilde interiormente é o que faz a diferença. A humildade, quando decantada em prosa e em verso, ou muito aparente, não passa de uma forma camuflada de orgulho. Como aquela pessoa que se sentia e se declarava tão humilde, mas tão humilde, que um dia, sem querer, declarou: "Eu me orgulho de ser humilde."

Além da falsa humildade, há dois outros perigos para um ser humano: o primeiro é a despersonalização, a perda da dignidade, ponto crítico daquele que, por ser manso, é humilhado pelos outros e aceita. O segundo é o filho da humildade, o abuso. É preciso exigir respeito e dizer um basta quando quiserem nos destruir por sermos mansos e humildes.

A verdade é que a Bíblia ensina a ser humilde. A ser humilhado, somente por amor a Cristo e diante do testemunho da fé, do

Evangelho da Graça, quando, ao se humilhar e se vergar às circunstâncias, Deus o exalta.

É assim que vejo o Apóstolo Paulo dizendo: "Aprendi a viver contente em toda e qualquer situação. Tanto sei estar humilhado como também ser honrado; de tudo e em todas as circunstâncias, já tenho experiência, tanto de fartura como de fome; assim de abundância como de escassez: *Tudo posso naquele que me fortalece*" (Filipenses 4:11-13, grifo nosso).

Em certo convento de gente boa e ilustrada, como as do mosteiro descrito por James Hunter em *O Monge e o Executivo*, começou a predominar um espírito de humildade, tão intenso e tão forte, que parecia querer cada qual ser mais humilde do que o outro. Havia um monge que se tornou notável por ser muito prestativo. Um tremendo senso de oportunidade: Chegava no momento adequado, dizia a palavra boa, servia a todos na hora, ouvia antes de falar e sempre falava bem e agia com amor. Foi se notabilizando por sua humildade e por imitar o exemplo de Jesus, que declarou não ter vindo para ser servido, mas para servir e doar a sua vida no resgate de muitos.

O exemplo de humildade do monge foi tão forte e tão evidente, que os demais resolveram elegê-lo o mais humilde e manso de toda a ordem. Ainda era pouco! Resolveram mandar fundir uma "medalha de ouro" para o mais humilde: "A medalha da humildade." A notícia se espalhou rápido. Uma festa foi marcada. E, no dia azado, todos estavam a postos. Era a primeira vez que o Clube dos Humildes iria honrar alguém. Tudo preparado, balões, doces e um bolinho. É chegada a hora da entrega da primeira medalha da humildade ao mais humilde! Havia banda de música, o coral cantou, o prior pregou bonito. Todos de pé reconheceram que a escolha não poderia ter sido mais feliz e acertada. O agraciado estava fora do país. Mas soube logo da grande festa de outorga: o prefeito, o bispo, o rabino e até o pastor evangélico foram convidados.

Após o coral, a mensagem foi clara, elogiosa, elegante, apontando para o Frei Carlos. Ele foi chamado à frente e a medalha da humildade foi-lhe posta ao pescoço. Dormiu com ela no lugar. Acordou cedo e não a retirou mais, a não ser na hora do banho semanal. Duas semanas mais tarde, por votação unânime, ele foi excluído do clube, simplesmente por ter usado a medalha!

Seguramente, você se lembrou do velho presbítero que disse: "Eu me orgulho de ser humilde."

Thomas Kempis, médico católico, autor da obra *A imitação de Cristo*, escreveu: "Ter-se por nada e pensar sempre bem dos outros é grande sabedoria e grande perfeição." E assim é: "Na vida, quase tudo provém de quase nada." A humildade é o caminho para a glória.

Observo e admiro os que me parecem ser humildes. Gostaria de imitar-lhes o exemplo. O filósofo e escritor Ralph W. Emerson assim se expressou: "Todo homem que encontro é superior a mim, em alguma coisa, e, neste particular, posso aprender dele." Ser humilde é considerar os outros superiores a você e agir coerentemente, sem se sentir intimidado, fazendo o melhor que pode de cada oportunidade que a vida lhe oferecer. Dizem os entendidos que a ciência incompleta gera nos homens altivez; já a ciência perfeita, a humildade. Uma pessoa verdadeiramente sábia é humilde. Uma pessoa rica de fato e de verdade é humilde.

Foi São Bernardo quem afirmou algo fantástico: "Não constitui grande coisa ser humilde quando você está sendo desdenhado, mas ser humilde quando você é elogiado, na verdade, é um excelso e raro cometimento." A humildade é um tema sobre o qual muitos pregam, mas que poucos vivenciam. Há uma frase de Agostinho, Bispo de Hipona, de uma felicidade sobre-humana: "Foi o orgulho que transformou anjos em demônios, mas é a humildade que faz de homens anjos."

No Sermão do Monte, no testemunho de Pedro e Tiago e nos ditos de Jesus de Nazaré, esse tema se agiganta. Gostaria agora, com temor e tremor, recordar-lhe à consciência esclarecida o que destaco a seguir:

1. Jesus: "Todo o que se exalta será humilhado; e o que se humilha será exaltado" (Lucas 14:11).
   A voz reflexiva se impõe. O convite é ao despojamento, ao esvaziamento; é não pensar de si mesmo além do que convém, usar de moderação. John Falvel cristalizou esse conceito no seguinte pensamento: "Quando Deus pretende encher uma alma, ele primeiro a esvazia. Quando Deus deseja enriquecer uma alma, ele primeiro a empobrece." A humildade é o único caminho que, descendo, nos conduz às alturas. Aquele que se exalta desce à medida que pensa que sobe. Não raro, tais pessoas são soberbas e orgulhosas, para as quais Blaise Pascal diria: "A falsa humildade é puro orgulho." A Bíblia ensina e a igreja crê e proclama: "A soberba precede a queda." Uma pessoa cheia de si mesma está sempre vazia.

2. Apóstolo Pedro: "Deus resiste aos soberbos, contudo aos humildes concede a sua graça." E completa: "Humilhai-vos, portanto, sob a poderosa mão de Deus, para que ele, em tempo oportuno vos exalte" (1 Pedro 5:5,6). É o único versículo na Bíblia que afirma que Deus resiste a

alguém, ao soberbo, ao arrogante — cujo espírito não é reto nele. A ordem é "humilhai-vos sob a poderosa mão de Deus". Aguarde assim, e até o tempo oportuno o *kairós* de Deus, e somente ele, mais ninguém, o exaltará. Você pode entender? Pode esperar?

3. Tiago, irmão do Senhor e nosso irmão também, afirmou: "O irmão, porém, de condição humilde glorie-se na sua humildade" (Tiago 1:9). E ainda: "Deus resiste aos soberbos, mas dá graça aos humildes. (...) Humilhai-vos na presença do Senhor, e Ele vos exaltará" (Tiago 4:6,10). Em primeiro lugar, aprendemos que Deus "resiste aos soberbos". E, quando isso acontece, os soberbos caem e os humildes sobem, é o triunfo da humildade. Em segundo lugar, é Deus quem exalta a uns e a outros abate. Ele o faz na medida certa.

   Uma coisa é humilhar-se na presença do Senhor e ser por ele exaltado. É ele, o Deus Eterno, quem concede graça aos humildes, contempla a humildade e exalta o humilde de coração quebrantado.

   O grande evangelista Dwight Moody afirmou em um de seus memoráveis sermões:

   "O homem pode demonstrar um falso amor;
   uma falsa fé;
   uma falsa esperança; mas jamais poderá sustentar
   uma falsa humildade."

   O que você é fala tão alto que eu não consigo ouvir o que você diz: é a advertência de Ralph Emerson para os orgulhosos.

Dois incidentes em uma viagem de trem revelam as atitudes de dois grandes homens de Deus: Hudson Taylor e Dwight Moody. Perguntaram certa vez ao missionário Hudson Taylor por que razão ele só viajava na segunda classe: "É porque não há vagões de terceira", foi a pronta resposta. Já o evangelista Moody viajava tanto e pregava em tantas cidades que uma pessoa que o conhecia bem e muito o admirava passou por acaso pela primeira classe do trem e o viu ali, logo exclamando: "Então, é assim que o senhor gasta o dinheiro de Deus?" Ele respondeu, com serena humildade, "não, meu irmão, é assim que eu economizo o servo do Senhor Deus." São duas perspectivas de humildade e duas belas lições de vida.

Deixo com o meu leitor amigo e atento o exemplo maior de Jesus, que se esvaziou da sua glória, assumiu a nossa humanidade, andou pelas estradas empoeiradas da Palestina, mamou o leite humano, bebeu da nossa água, comeu do nosso pão, sofreu as nossas dores e morreu a nossa morte. E convida-nos a viver a sua vida, uma nova vida, em Cristo, e aprender Dele e do seu exemplo: Ele é manso e humilde de coração. E você, leitor amigo, e eu encontraremos descanso para a nossa alma. Com amor, respeito e humildade.

Capítulo 4

Bem-aventurados os que têm fome e
sede de justiça, pois serão satisfeitos. (Mateus 5:6)

Frei David Olm

Ao entrarmos em contato com o evangelho de Mateus adentramos na experiência de uma comunidade de judeus-cristãos que, em meio a seus conflitos, buscaram realizar a justiça e, por isso, sentiram-se portadores da Boa Nova de Jesus para anunciá-la a todas as pessoas. Com essa tônica, o próprio Jesus é apresentado como o Mestre da Justiça e com o título de Emanuel, o Deus conosco, revelando-se uma presença viva e atuante, que nos comunica a palavra e a ação que liberta e nos reúne como uma nova nação.

Somos interpelados por ele a ser verdadeiramente discípulos e discípulas, para juntos concretizar no mundo o seu sonho e não permitir que ele se apague ou que morra na história. É desse desejo de justiça e desse sonho que surgiu na comunidade de Mateus a proclamação da felicidade para os que avançaram e os que avançam, mesmo diante do sofrimento e da perseguição.

O texto das bem-aventuranças (Mateus 5:1-12) nos apresenta um conteúdo de intenso valor profético, mas transmitido numa linguagem poética e de cunho sapiencial. A força do anúncio apresentado nos indica o caminho e as posturas práticas de Jesus, impelindo-nos a uma tomada de decisão frente ao seu conteúdo e provocando-nos a assumir nosso lado em um mundo tão desigual e injusto.

Por essa mensagem percebemos o testemunho e a situação em que se encontrava a comunidade de Mateus no seu seguimento a um Deus perseguido e morto pelos poderes políticos. São a vida, os conflitos, as esperanças e os desejos de libertação da comunidade no seu momento histórico que nos apontam e querem nos iluminar para uma tomada de posição radical e concreta diante da nossa atual realidade e do projeto de construção do Reino de Deus.

Nas bem-aventuranças a comunidade evidencia quem é Jesus e qual o seu programa de vida. E à medida que expõe o seu testemunho, torna-se cada vez mais forte para nós a ideia de que ele vivia o que dizia e dizia o que vivia. Experimentou a dureza dos ricos, a perseguição e o ódio dos inimigos; cotidianamente encontrou em seu caminho os famintos, os aflitos e os que choram, e fez deles seus companheiros. Profundamente indignado, fez calar os hipócritas e os duros de coração. Pousou sobre eles o olhar do irmão que sente o amor e a dor do Pai sobre toda essa miséria e, por isso, reage para conter e libertar.

Jesus provoca e contesta a religião e a sociedade ao romper com a mentalidade tradicional em que a maioria, categoricamente, considerava infelizes, ou melhor, malditos os pobres, os doentes, as prostitutas. Era praticamente consenso que a situação deles era fruto do castigo de Deus por causa dos pecados cometidos. Contrariamente, Jesus os chama de bem-aventurados e cria uma cisão na forma de conceber a fé e as suas consequências práticas.

O início do texto nos remonta à figura de Moisés, que sobe até o Monte Sinai para receber a Lei como um novo projeto de vida e libertação. Analogicamente agora, em Mateus, é Jesus quem sobe ao Monte e anuncia que o Reino está próximo, está no meio e dentro de nós. Por esse motivo todos e todas que se sentem sufocados e abatidos pelo peso da opressão social, os que anseiam por vida nova, são quem primeiro sentirão a felicidade dessa chegada.

A partir do anúncio das bem-aventuranças podemos descobrir o tipo de gente que encontra a felicidade no Reino de Deus. É a opção totalmente humana e totalmente divina de Jesus pelos pequenos, pelos excluídos, os que nada são aos olhos do mundo. Opção que se traduz em sinais concretos: essas pessoas possuirão o Reino, que se revelará na posse da terra, no triunfo da justiça e da solidariedade, no fim dos males causadores de aflição e dor, no fim da fome.

É o projeto de transformação das relações entre as pessoas, com o necessário e consequente fim das estruturas que moldam e condicionam a vida e a sociedade, tornando-as desumanas e mortíferas. Nisso se traduz a nova e vital aliança proclamada e definitivamente efetuada no Novo Testamento, uma vez que essa correlação entre a vida ameaçada e a defesa por parte de Deus é essencial em toda a Bíblia.

Nesse sentido, a proclamação das bem-aventuranças é uma convocação a tornar presente no mundo a justiça do próprio Deus. Por esse motivo não deve existir, absolutamente, nenhuma idealização na defesa da vida, o que elimina o possível risco teológico e ideológico de transportar a felicidade dos bem-aventurados para uma vitória final após a morte. Porque é exatamente nessa justiça, que reside a instância prioritária da Revelação de Deus na vida do seu povo e, ao mesmo tempo, o lugar privilegiado da nossa resposta a essa Revelação. Trata-se de algo muito além da fidelidade a alguma doutrina sobre Deus e seus planos para a sua criação. É uma exigência do próprio Deus, que nos coloca frente à sua vontade e à sua atuação, exigência vivida pelas primeiras comunidades e por muitos cristãos ao longo da nossa história, da qual depende a nossa coerência e continuidade como discípulos de Cristo no mundo.

As bem-aventuranças nos mergulham dentro do caminho do discipulado de Jesus, que ao encontrar os que estavam caídos, perdidos à beira do caminho, abandonados e perseguidos, levanta-os e declara: "Bem aventurados são vocês." Proclama a esperança e a alegria para quem há muito não conhecia esses valores. E provoca-os a retomar e a resgatar a dignidade roubada, a fazer e a continuar lutando pela justiça, a enfrentar os inimigos do Reino.

Partindo da tradução hebraica do termo bem-aventurança, que significa "em marcha", Marcelo Guimarães e Penha Carpanedo nos oferece uma rica reflexão ao afirmar que reunir bem-aventurados é o mesmo que convocar os que choram e os que passam por tribulações a se levantarem e bem alto proclamar: "Acreditem e caminhem para além das tuas lágrimas, além do teu luto e da tua dor." É um chamado para revolucionar a vida, dar um passo para fora do lugar em que se está identificado, condicionado, aprisionado. É abrir os olhos cansados, realimentar a esperança e sentir a misteriosa e concreta presença de Deus, principalmente quando a realidade nos torna fracos e indefesos.

Na nossa história cada tempo produz os seus próprios bem-aventurados e são muitos os exemplos e fatos que podemos elencar em que pessoas ou povos foram submetidos, perseguidos ou lutaram até derramarem o seu sangue pela justiça e pela paz. E a própria história nos ensina que praticamente todas as revoluções ou mudanças estruturais foram provocadas pelo povo, na busca por justiça e igualdade. A preocupação das elites sempre foi o seu próprio umbigo, ou melhor, a permanência do seu *status quo*.

Somente o universo dos negros e negras pode nos transmitir quão pesado tem sido expulsar de dentro de si o opressor que se apoderou de suas liberdades e dominou as suas vidas por tantos séculos, enquanto nós vivíamos um silêncio estúpido, como afirma Eduardo Galeano. São bem-aventurados pela coragem e determinação ao romperem as estruturas históricas de escravidão e iniciarem a marcha da liberdade e da autonomia.

Quão pesado tem sido para tantos líderes populares manterem-se firmes e vivos em lutas objetivamente tão desiguais e socialmente tão injustas, que os tornam reféns e vítimas de poderosos. Basta lembrarmos da luta pela terra e pela água travadas pelos nossos povos indígenas e nossos camponeses e camponesas. Bem-aventurados todos e todas que doaram e doam sua vida para manter sempre aceso o candeeiro da profecia e da esperança.

Uma sociedade tão fortemente consumista como a nossa, que absolutiza o mercado, que privilegia a força das armas sobre o poder da educação e da transformação das consciências, constituída de milhões de desempregados e bolsões de miséria, de acúmulo de renda e de terra, tornando pobres cada vez mais pobres e ricos sempre mais ricos, de superpotências promotoras de políticas corruptas e corruptoras, acaba por moldar seres humanos à sua imagem e semelhança, pessoas corrompidas e desviadas em suas personalidades.

Nesse rumo há uma lógica que determina quase tudo e a nossa é a do capital, genocida e fratricida. É uma máquina capaz de acabar com toda a fome do mundo, mas que ainda olha com escárnio e inescrupulosidade a miséria da nossa África, tão rica e tão sofrida. A sua base de análise são estatísticas de consumo e um desenvolvimento que mais podemos chamar de puro crescimento material, com graves sequelas para o meio ambiente e a vida do planeta, como já estamos, tão fortemente sentindo.

A nossa imensa pátria Brasil, repleta de recursos naturais e culturalmente tão rica, assaltada e marginalizada há mais de quinhentos anos, ainda sobrevive sob o peso de grupos econômicos que são filhos dessa mesma lógica, ou melhor, são fiéis soldados do capital. E por isso ainda hoje temos que suportar que indígenas, camponeses, quilombolas e tantos outros grupos representativos do nosso povo sejam privados das discussões sobre o destino do nosso país, por serem considerados inaptos quando o assunto tratado é o tão glorioso desenvolvimento. Bem-aventurados os que acreditam que a luta pela justiça é um sinal vivo de que Deus ouve os clamores do seu povo.

Vários povos gritam que outro mundo pode e deve ser possível, porque sociedades criadas com esses valores crescem com seu útero seco e a grande maioria dos seus filhos e filhas nasce morta ou morre prematuramente ou ainda pode crescer comprometida por inteiro em sua capacidade física e mental. É um submundo a que vários seres humanos já estão condenados.

E é justamente na ânsia por vida, e não qualquer vida, mas a vida prometida por Jesus, vida abundante, que muitos e muitas saíram e saem em marcha na conquista dos seus direitos, na luta pela posse da terra, por trabalho, por casa, e, por isso, se afligem, se tornam ávidos pela justiça e por ela são perseguidos, vivem a misericórdia, purificam os seus corações, anseiam paz e são caluniados e insultados.

São nesses sinais que Jesus encontrou a geração do Reino de Deus e são eles que para nós, hoje, tornam denso e verdadeiro o anúncio da felicidade proclamado do alto do monte por esse mesmo Jesus.

Por isso, pobres e perseguidos, enfim, os bem-aventurados, devem ser sempre as pedras preciosas das igrejas, pois são pela opção a eles que nos tornamos um sinal de salvação e libertação no mundo. São eles que de fato precisam de mudanças drásticas em nossa sociedade, para que escapem da aflição e do abandono, tornando-se parte de um mundo que lhes permitam viver.

Cabe lembrar, como preocupação e proposta das igrejas, a elaboração do documento "Os pobres possuirão a terra". Inspirados no Salmo 37:11, e com base na urgência de transformações, tanto no campo como na cidade, bispos de diferentes denominações cristãs se uniram para refletir sobre a problemática da terra e apontar caminhos.

Precisamos manter a fidelidade ao nosso Deus, caminhar ao lado dos bem-aventurados de Jesus e, com isso, superar nossos medos e apegos fúteis, desfazendo-nos dos privilégios que somente nos afastam do essencial. Ai de nós se não transmitirmos em palavras e atitudes essas inconvenientes verdades do cristianismo, se não trabalharmos para que os prediletos de Deus possam sair da subexistência para uma existência de filhos e filhas.

É somente permitindo que os bem-aventurados entrem em nossa vida que iremos reconhecer e experimentar o Deus que se infiltra no meio deles. São eles que nos ensinam o que é fundamental na boa notícia de Jesus. Dessa forma, o Reino de Deus não será para nós simplesmente uma esperança utópica comparável a qualquer outra utopia, mas, concretamente, será uma esperança viva, a libertação, o caminho de construção de uma Nova Aliança e de um Novo Povo.

Capítulo 5

Bem-aventurados os misericordiosos,
pois obterão misericórdia. (Mateus 5:7)

Elcemar Almeida

Já sabemos que a palavra bem-aventurado significa feliz. Logo, o bem-aventurado é alguém que vive em felicidade, uma pessoa alegre, abençoada, que desfruta de satisfação. O texto de Mateus 5:7, que relaciona uma bem-aventurança a atos de misericórdia, em sua essência, é fascinante e nos leva a pensar de forma cuidadosa sobre quais seriam os objetivos de Jesus ao mencionar esse ensinamento.

O vocábulo *misericórdia* é bem amplo e aparece mais de duzentas vezes nas Sagradas Escrituras. Essa palavra pode ser definida como a graça de Deus para com o ser humano, manifesta no perdão, no amor incondicional, na proteção, no auxílio, na fidelidade, na solidariedade e nos atos de bondade, justiça e bênçãos. Pode ainda assumir conotações como compaixão ilimitada, compassividade, piedade e socorro. O Salmo 136 nos revela que as misericórdias do Senhor são eternas. Logo, elas não se findam, pois são de geração em geração. A partir da interpretação desse texto, mergulharemos em um oceano de amor, graça e perdão que mexe com o âmago do nosso ser, revelado nessa bem-aventurança.

> Vendo Jesus as multidões, subiu ao monte, e, como se assentasse, aproximaram-se os seus discípulos; e ele passou a ensiná-los.
>
> (Mateus 5:1,2)

O Sermão do Monte

Todo aquele que estuda de forma diligente a Bíblia, principalmente o Novo Testamento, sabe da importância do sermão ministrado por Jesus conhecido como o Sermão do Monte, ou da Montanha. Ao longo da história, inúmeras interpretações foram dadas a esse famoso sermão. Alguns estudiosos o interpretam como uma mensagem de salvação, arrependimento e mudança de direção para o mundo. Outros dizem que o sermão é uma mensagem acerca de um novo reino que haveria de ser revelado. Existem ainda outros grupos que sugerem que foi direcionado primeiramente à igreja. Penso que esse grupo de ideias é coerente, até porque os estudos discorridos das bem-aventuranças até aqui nos revelam isso. O versículo 7 de Mateus 5 é provocante, desafiador e surpreendente. Provocante porque nos faz refletir sobre a condição de ser misericordioso e nos leva a pesquisar e a decifrar o real significado da palavra *misericórdia*; é desafiador por relacionar uma atitude que traz um benefício inestimável; surpreendente porque esse texto é essencial para alcançar salvação.

Quais seriam os objetivos desse ensinamento?

> Tenho compaixão desta gente, porque há três dias que permanecem comigo e não têm o que comer.
>
> (Marcos 8:2)

A misericórdia como atos de compaixão e socorro

Em Lucas 7:11-14, encontramos um exemplo muito interessante. Jesus estava a caminho de uma cidade chamada Naim. Próximo à entrada da cidade, ele se deparou com um cortejo fúnebre do filho único de uma viúva. A mulher estava em prantos e Jesus, ao vê-la, compadeceu-se dela e disse para que ela não chorasse. Entretanto, ela não demonstrou qualquer tipo de reação. Aquela mulher não tinha forças para manifestar qualquer palavra ou pedido. Era a maior tragédia possível que poderia acontecer a uma viúva, mãe de um único filho. Aquela mulher estava destruída. A perda do filho único mutilava seu interior. O marido já não existia. Sua descendência estava fadada ao extermínio. Seus lábios estavam mudos. Seus olhos, pranteados, dilaceravam gritos ensurdecedores. Eram olhos cansados de tanto chorar, com a expressão de uma dor insuportável de uma mulher necessitada de consolo. Jesus percebeu e sentiu o sofrimento daquela mulher. Teve compaixão e ficou comovido. Imediatamente, resolveu socorrê-la. Interrompeu o cortejo fúnebre e tocou no caixão. O menino ressuscitou e ele o entregou a sua mãe.

Notamos nesse milagre que Jesus não requereu fé de ninguém, nem mesmo da mãe do jovem morto, a qual certamente teria feito qualquer coisa para ter seu amado filho de volta. Jesus simplesmente foi tomado de grande compaixão e esse sentimento fluía de suas entranhas porque ele ia ao encontro das necessidades das pessoas, e essa era uma das suas características mais ilustres.

Outro exemplo a destacar está em Lucas 18:35-43, que fala sobre um mendigo, cego, que clamava por misericórdia. Mas havia grande dificuldade para que aquele mendigo fosse atendido, por vários motivos. Primeiro, ele era cego e mendigava sentado, possivelmente na calçada, logo não via o que estava se passando. Segundo, havia uma multidão acompanhando Jesus, o que lhe dificultava o acesso. Além disso, quem acompanhava o Mestre, em vez de ajudar o mendigo, o repreendia para que ele se calasse. Porém, aquele homem estava determinado a chamar a atenção de Jesus. Gritava literalmente com toda força e o mais alto que podia: "Jesus, Filho de Davi, tem misericórdia de mim." Clamava por misericórdia num ato desesperado de necessidade de socorro e compaixão. Fez a única coisa que poderia fazer para chamar a atenção do mestre: gritar! Seu grito, por sua vez, foi ouvido. Jesus, então, foi ao encontro daquele mendigo e o curou.

No primeiro exemplo, Jesus viu o sofrimento de uma viúva. No segundo, um cego desconhecido grita pedindo socorro e supera as adversidades que lhe foram impostas por quem estava próximo a Jesus, mas não o ajudou. Em ambos os casos encontramos a misericórdia divina em evidência. Por isso, é importante mencionar que muitas vezes pregamos e ensinamos vários ensinamentos, como esses, mas não vivemos o que pregamos ou ensinamos. A grande verdade é que precisamos viver o que ensinamos.

Conheci um irmão que possuía uma boa condição social. Era próspero e nada lhe faltava. Esse irmão contou-me que vez ou outra Deus o impulsionava a visitar determinadas pessoas carentes de gêneros de primeira necessidade. Ao chegar a cada residência, o irmão orava pedindo que Deus aumentasse a fé daquela família e trouxesse a provisão necessária. Isso era uma constante na vida daquele irmão e ele se sentia realizado por isso. Até que um dia Deus o incomodou de forma veemente. Ele estava num culto de domingo e de repente avistou um rapaz que ele visitara. O jovem vestia-se humildemente e sua face demonstrava cansaço extremo e fragilidade. Então ele pensou: "Já visitei esse rapaz e orei por ele. Ele estava desempregado e muito necessitado, porém parece que as coisas não mudaram para ele. Muito pelo contrário, parece que pioraram."

O homem percebeu que precisava fazer mais por aquele moço. Ao término do culto, chamou o rapaz e, sem mais questionamentos, disse-lhe que sentiu o desejo de abençoá-lo com a compra de novas vestes. O rapaz ficou radiante e sem palavras, pois não sabia como expressar sua alegria. O irmão, por sua vez, ao ver a reação do jovem, sentiu seu coração arder devido ao sentimento de amor e compaixão nunca antes experimentado.

No dia seguinte, marcaram e foram a um *shopping*. O irmão cumpriu o prometido. E, como se isso não bastasse, o irmão lembrou que um amigo lhe perguntara se conhecia algum jovem, pois estava precisando de alguém para trabalhar com ele. Imediatamente ligou para o amigo e indicou o rapaz. A alegria do Senhor os contagiou. Era Mateus 5:7 se cumprindo na vida daquele homem. Isso aconteceu há alguns anos; hoje, esse moço cresceu no emprego, ganha um salário razoável, ajuda sua família e já está se preparando para o casamento.

Aquele homem, por sua vez, aprendeu que, muitas vezes, não só a face das pessoas clama por misericórdia, mas que a oração tem de vir acompanhada de atitude, até porque a fé sem obras é morta. Ele aprendeu a lição que diz: "Meus irmãos, qual é o proveito, se alguém disser que tem fé, mas não tiver obras? Pode, acaso, semelhante fé salvá-lo? Se um irmão ou uma irmã estiverem carecidos de roupa e necessitados do alimento cotidiano, e qualquer dentre vós lhes disser: 'Ide em paz, aquecei-vos e fartai-vos', sem, contudo, lhes dar o necessário para o corpo, qual é o proveito disso? Assim, também a fé, se não tiver obras', por si só está morta. Mas dirá alguém: 'Tu tens a fé, e eu tenho as obras; mostra-me a tua fé sem as tuas obras, e eu te mostrarei a minha fé pelas minhas obras" (Tiago 2:14-18).

Quem faz bem aos outros, a si mesmo o faz.

(Provérbios 11:17)

Misericórdia como atos de bondade

Atos de bondade são características daqueles que querem o bem-estar de todos. Ser uma pessoa boa é ser uma pessoa misericordiosa, benigna. A Bíblia nos ensina que Deus, em sua essência, possui a bondade como característica e encontramos vários textos que confirmam essa afirmativa. Um exemplo está no Salmo 52:1b, que diz: "Pois a bondade de Deus dura para sempre." Logo, tanto a bondade como a misericórdia do Senhor é eterna. No conhecido Salmo 23, Davi conclui: "Bondade e misericórdia certamente me seguirão todos os dias da minha vida; e habitarei na Casa do SENHOR para todo o sempre."

É importante frisar que a bondade é um fruto do espírito (ver Gálatas 5:22). Portanto, é uma qualidade moral divinamente implantada. Por outro lado, tenho um pensamento que gostaria de compartilhar com o leitor. Costumo dizer que pessoas boas são pessoas que abençoam e, se semeiam bênçãos, são pessoas abençoadas porque a Bíblia nos ensina que aquilo que semeamos também ceifamos (ver Gálatas 6:7).

Prova disso é um testemunho de um casal que conheci há aproximadamente vinte anos, com duas filhas e passando por dificuldades. Congregavam em uma igreja pobre de difícil acesso e moravam em um lugar humilde do Estado do Rio de Janeiro, mas sonhavam em mudar de vida e morar em um lugar digno onde pudessem ter melhores condições. O homem trabalhava incansavelmente e não media esforços na luta pelo bem-estar de sua família, enquanto a esposa cuidava das crianças e dos deveres do lar. Um belo dia, o marido chegou à casa e contou à mulher que conseguira juntar dinheiro suficiente para comprar um terreno num lugar mais agradável. A animação tomou conta do lar. Era um sonho se tornando realidade. Fizeram um projeto para uma residência simples e compraram os materiais necessários para o início da construção. Porém, um dia, sentiram o desejo de adiar o sonho por uma causa que achavam ser justa. Sem qualquer interesse, decidiram abençoar a humilde igreja em que congregavam com o terreno adquirido com tanto esforço e com todo o material comprado para a obra que seria a futura casa daquela família.

Em razão dessa atitude, a felicidade tomou conta daquele lar. A igreja conseguiu um bom lugar para se estabelecer e a família se sentia realizada e feliz por ter contribuído para o Reino de Cristo. Deram o melhor que podiam dar e semearam de coração. Com o passar do tempo Deus os abençoou grandemente. Hoje, essa família é próspera e possui uma vasta experiência com Deus. Residem em um dos lugares mais nobres do Rio de Janeiro e são um exemplo de pessoas que abençoam e são abençoadas.

> Porque Deus amou o mundo de tal maneira que deu o seu Filho unigênito, para que todo o que nele crê não pereça, mas tenha a vida eterna.
>
> (João 3:16)

Misericórdia como atos de amor e perdão

Existe limite para o amor e para o perdão? Às vezes, sou pego por questionamentos como esse e creio que essa bem-aventurança traz algumas respostas. Em primeiro lugar, a grande verdade é que todos pecamos e fomos destituídos da glória de Deus (Romanos 3:23). Entretanto, Deus usou de misericórdia para conosco sem que merecêssemos, ou seja, Deus usou de amor incondicional. Ele nos perdoou. Entregou seu único filho em prol da nossa salvação e nos resgatou do império das trevas e nos transportou para o Reino do Filho do seu amor (ver Colossenses 1:13).

A misericórdia de Deus está intrinsecamente ligada ao seu amor e à capacidade que ele tem em perdoar. Esse amor e esse perdão são revelados nas atitudes de Cristo, que nos amou e nos perdoou ao morrer na cruz, para que pudéssemos viver para sempre ao seu lado (João 3:14,15).

Um exemplo dentre muitos de um ato do amor de Jesus é a ressurreição de Lázaro (ver João 11:1-44). Jesus estava pregando nos povoados próximos ao Jordão e, em uma aldeia chamada Betânia, que ficava aproximadamente três quilômetros a leste de Jerusalém, Lázaro, que era um amigo amado do Senhor, adoecera. As irmãs de Lázaro, Marta e Maria, vendo que a enfermidade do irmão piorava, resolveram solicitar ajuda ao Mestre. Entretanto, o Senhor permaneceu mais alguns dias nas proximidades do Jordão e Lázaro veio a falecer. Ao retornar a Betânia, Jesus se deparou com um cenário de profunda tristeza e agonia. Marta, então, lhe disse: "Senhor, se tu estivesses aqui, meu irmão não teria morrido" (João 11:21). Maria também reforça essa declaração (João 11:32). A frase ecoou profundamente no âmago de Jesus e um diálogo emocionante se desenrolou entre eles. Foi uma explosão de tristeza. A comoção e o sentimento do amor pela família (João 14:5) eclodiram no coração de Jesus e ele chorou (João 11:35). Comovido, foi ao sepulcro, que naquele tempo era composto de cavernas esculpidas nas montanhas. Os corpos eram colocados na tumba e uma grande pedra fechava a entrada do túmulo. Lázaro jazia há quatro dias, possivelmente em estado de decomposição, mas Jesus ordenou que a pedra fosse retirada e clamou. Lázaro ressuscitou. Esse tema nos traz um belo ensinamento: quando o amor incondicional do Pai é revelado, a Glória de Deus se manifesta e o resultado é um milagre!

Em relação ao perdão, é vital ressaltar que a definição de perdão, de acordo com os textos sagrados, é uma renúncia de ressentimento em relação a um ofensor; e, em sua essência, a Bíblia mostra-nos constantemente a necessidade de perdoarmos a quem nos ofende. Em sua carta aos Efésios 4:32, Paulo nos ensina que devemos liberar perdão porque da mesma forma Deus agiu conosco por intermédio de Cristo. Em Colossenses 3:13, Paulo enfatiza esse ensinamento. Muitas vezes queremos o perdão de Deus, mas não queremos perdoar o próximo. Também é imperativo entender que o perdão está relacionado a arrependimento e, num sentimento mais amplo, arrependimento significa tomar uma decisão de mudança total de atitude e de vida, em que a pessoa, por ação divina, é levada a reconhecer o seu pecado e a sentir tristeza por ele, decidindo-se a abandoná-lo (Mateus 3:2-8; 2 Coríntios 7:9-10; 2 Pedro 3:9). O complemento do arrependimento é a *fé,* e os dois juntos constituem a *conversão*. Nesse texto, não nos aprofundaremos nos atos de arrependimento, conversão e fé; todavia, para que o leitor possa adquirir um mínimo de entendimento, como exemplos, cito o texto de 2 Crônicas 7:14, em que Deus exorta Israel para que se arrependa e se converta. Ele diz: "Se o meu povo, que se chama pelo meu nome, se humilhar, e orar, e me buscar, e se converter dos seus maus caminhos, então, eu ouvirei dos céus, perdoarei os seus pecados e sararei a sua terra." O mesmo acontece em Oséias no capítulo 14:2a, que diz: "Tende convosco palavras de arrependimento e convertei-vos ao SENHOR. É, por fim, o texto de Atos 3:19, que diz: "Arrependei-vos, pois, e convertei-vos para serem cancelados os vossos pecados." O arrependimento, no Ministério de João Batista, foi um grito profético exortativo que abriu as portas da salvação para toda a humanidade, por intermédio do ministério messiânico de Jesus (Mateus 3:2; João 1:29,35,36).

Em sequência, retornando à questão do perdão, Jesus nos ensina que é fundamental entendermos a real necessidade de perdoar. Veja em Mateus 6:14,15: "Pois se perdoarem as ofensas uns dos outros, o Pai celestial também lhes perdoará. Mas se não perdoarem uns aos outros, o Pai celestial não lhes perdoará as ofensas." É condicional. Para recebermos perdão precisamos liberar perdão! Jesus nos perdoou e espera de nós a mesma atitude para com aqueles que, por algum motivo, nos ofenderam e necessitam de perdão. Pedro questiona isso em Mateus 18:21, indagando a Jesus quantas vezes ele deveria liberar perdão. Sete vezes? Segundo os ensinamentos judaicos, o perdão estava limitado ao máximo de três vezes e Pedro, sabendo disso, procurou demonstrar alguma generosidade elevando esse número para sete, que, até certo ponto, pensando como judeu, seria uma tolerância bem mais abrangente. Em Mateus 18:22, Jesus usa uma metáfora, mencionando "setenta vezes sete", que é igual a quatrocentos e noventa vezes. É claro que liberar perdão nessa proporção seria impossível para eles.

O mesmo Pedro passou por uma situação bastante desagradável e complicada sobre esse tema. Certa vez, Jesus predisse sobre sua morte e solidão. Pedro, porém, falou ao Mestre que jamais o abandonaria (Mateus 26:31,33) e creio que esse realmente era o desejo do coração de Pedro. Porém, Jesus disse a Pedro: "Em verdade te digo que, nesta noite, antes que o galo cante, tu me negarás três vezes" (Mateus 26:34). Em questão de horas, Jesus é preso e a multidão, avistando Pedro, questiona-o se ele estava com

Jesus. Porém, Pedro nega. Em seguida, o inquirem pela segunda vez, quando Pedro responde de forma incisiva e veemente com juramento: "Não conheço tal homem." Em seguida, pela terceira vez, as pessoas que ali estavam perguntaram a Pedro se ele era um dos seguidores de Jesus. Então, Pedro começou a praguejar e a jurar dizendo: "Não conheço esse homem! E imediatamente cantou o galo" (Mateus 26:69-74; Lucas 22:60). O que Jesus profetizou acontecera; bastara uma troca de olhares entre eles para que Pedro se lembrasse da tão amarga profecia (Lucas 22:61). Aqueles segundos foram determinantes para que Pedro caísse em si e enxergasse o abismo em que tropeçara. O silêncio "gritou" de forma avassaladora, deteriorando o interior daquele frágil pescador. Pedro reconheceu seu erro e chorou amargamente (Lucas 22:62).

Podemos imaginar o que exatamente se passou na mente de Pedro após esse episódio triste e catastrófico. Ele era um discípulo proeminente, sempre à frente dos demais discípulos, demonstrando uma liderança natural. Jesus também o escolhera como apóstolo para a igreja e havia investido em seu ministério, porém, Pedro caiu de forma vexatória e mostrou-se vacilante, colocando todo o seu ministério em questionamento. O Cordeiro de Deus foi crucificado e morto, e sua ressurreição ocorreria somente após três dias. Jesus tinha avisado que ressuscitaria (Mateus 16:21), mas os últimos acontecimentos que envolveram Pedro fragmentaram sua alma em ruínas de incertezas, mutilando toda e qualquer motivação em prosseguir no ministério confiado a ele.

Penso que Pedro passou a apresentar um conjunto de sinais e sintomas que denomino "síndrome do cantar do galo": por onde quer que passasse, durante o período entre a morte e a ressurreição de Cristo, ao ver ou ouvir um galo, cantando ou não, o que não era raro naquele tempo, certamente o pensamento de Pedro o remetia aos momentos da traição. A situação pode parecer até um pouco cômica, mas, como muitos acontecimentos em nossa vida, não o é de fato.

Não quero ser sensacionalista, porém, creio que isso passou a fazer parte da vida de Pedro, mesmo após Jesus ter ascendido aos céus. Decerto aquele apóstolo viveu momentos de extrema angústia e aflição. Afinal, ele traiu seu mestre, que o amava e confiava nele. Por outro lado, o Senhor estava preocupado com o que poderia acontecer a Pedro. Era importante um encontro entre eles, tanto que o anjo encarregado de anunciar a ressurreição declarou às mulheres que foram ao sepulcro para que avisasse aos discípulos que ele havia ressuscitado, sem esquecer uma menção especial a Pedro (Marcos 16:7). Jesus tinha por objetivo reencontrar o amigo destruído interiormente e liberar perdão para a restauração de um relacionamento comprometido, além de restituir o ministério dilacerado pela traição. E até hoje ele faz isso, nos perdoando e nos ajudando em tudo de que necessitamos.

É dificílimo para nós compreendermos e colocarmos em prática determinadas lições, principalmente quando envolvem nossos sentimentos, atingem nosso ego e vão de encontro a nossos desejos. Mas é justo quando, nas entranhas das nossas emoções, Jesus nos diz: "Filho, não há limite para o amor e para o perdão. Amar e perdoar são deveres a serem cumpridos por aqueles que fazem parte da família de Deus."

Capítulo 6

Bem-aventurados os puros de coração,
pois verão a Deus. (Mateus 5:8)

Lucas Ribeiro

Diante do espelho em seu apartamento, com os olhos cheios de lágrimas, Jonas mal tinha coragem de erguer a cabeça e olhar para si mesmo. No dia anterior, tinha traído um grande amigo de trabalho, e as consequências foram devastadoras, tanto para seu amigo, Marcos, quanto para si mesmo. O que mais doía em sua alma era que ele não tinha tido a intenção de cometer tal atitude; afinal, seu amigo sempre o protegera na firma, mesmo nos momentos mais difíceis. Agora, porém, Jonas fora promovido, e Marcos injustiçado por uma omissão involuntária de Jonas, que deixou de incluir seu mais fiel aliado na lista de colaboradores do novo projeto.

As explicações não bastaram. Embora Jonas tivesse sido sincero e pedido desculpas, a amizade parecia irremediavelmente partida. Jonas também se condoía por dentro por outro motivo de caráter menos óbvio, mais difícil de perceber. No fundo, estava feliz por ter realizado um sonho, atingindo uma cobiçada meta profissional, e não podia sufocar dentro de si um diálogo diabolicamente secreto: "Ora, a vida é assim mesmo. Marcos poderia ter feito a mesma coisa, e eu poderia estar no lugar dele agora. Um dia tudo isso passa."

Essa situação lhe parece familiar? Ela é real, aconteceu mesmo, e acontece todos os dias, nos mais variados lugares. Os nomes mudam, mas fundamentalmente o coração humano é tão enganoso que pode mascarar as próprias emoções e fazer-nos sentir culpados na superfície, enquanto nos recônditos escondidos da alma haverá sempre uma autojustificação que nos leve a pensar: "Afinal de contas, eu não tive culpa, não sou tão ruim assim."

Ao pregar o Sermão do Monte, Jesus também fala dos puros de coração, e durante toda a sua vida aqui na Terra o coração do homem foi sempre alçado a ator principal em suas parábolas e ensinamentos.

Os corações impuros da história

A história nos apresenta muitos líderes carismáticos capazes de conduzir multidões rumo a seus projetos e ideais, sejam eles políticos, religiosos ou de qualquer outra natureza, por meio de discursos inflamados e convincentes. Em particular, o século XX nos mostrou quão devastadoras podem ser as consequências de tais líderes: tivemos Adolf Hitler, que na década de 1940 promoveu um dos maiores milagres econômicos na Alemanha, antes de lançar toda a nação em uma guerra longa e sangrenta. Da mesma forma, todos se espantaram quando, em novembro de 1978, a notícia do suicídio em massa promovido por Jim Jones, o fundador do "Templo do Povo", veio à tona e tornou-se um exemplo macabro de como a religião pode ser manipuladora e distorcida. Esses dois nomes se tornaram desde então paradigmas do mal, alertando tanto em religião como em política sobre o grau de perversidade que tais instituições podem alcançar, quando lideradas por pessoas pervertidas.

Em todos esses casos, o aspecto que mais nos choca é que esses homens falaram com tamanha sinceridade e convicção que foram capazes de mover muitos corações, influenciando uma nação e uma comunidade. Nos dois exemplos, tanto Hitler como Jones estavam convencidos intimamente de seus chamados de caráter "messiânico" e de suas inequívocas e irresistíveis missões. Foram sinceros e perseguiram com tenacidade os desejos de seus corações.

Dando os primeiros passos em direção à pureza de coração

Podemos ver claramente que a sinceridade, embora seja uma virtude humana, difere em essência da pureza de coração; nem todas as pessoas sinceras terão necessariamente um coração puro. No seu famoso Sermão do Monte, Jesus desmascara e expõe o coração humano a nu, de uma maneira sublime e ao mesmo tempo poderosa. Nenhum mestre ou rabi (mestres que ensinavam a lei mosaica em Israel) até aquele dia tinha falado com tamanha sinceridade e profundidade sobre a natureza humana e seu relacionamento com Deus.

Jesus não estava pregando uma religião quando ensinou o povo sobre as bem-aventuranças, mas pretendia, e ainda pretende, instigar o ser humano a uma investigação de si mesmo, de seu coração, de suas motivações internas e inconfessáveis.

Ainda hoje, o povo judeu, e também muitos outros povos, veem o coração como centro das decisões morais, que podem ou não corresponder às atitudes externas, pois a verdadeira motivação de cada ato humano se esconde e é gerada ali. Não podemos julgar o próximo com facilidade, pois somente Deus pode perscrutar o íntimo de cada um.

Não é por acaso que a tradição judaica tem um provérbio popular que vai direto ao ponto: "Acima de tudo, guarde seu coração, pois dele depende toda a sua vida" (Provérbios 4:23). Creio que a afirmação de Jesus sobre ser puro de coração, e ver a Deus, nos leva a um aparente paradoxo, isto é, nos desilude de uma eventual percepção de uma autoimagem irreal, de nossa autopercepção, diante de Deus e nós mesmos. Se não formos transformados interiormente pelas palavras do mestre, por intermédio de sua graça, não teremos acesso a nós mesmos, não nos conheceremos de uma maneira real. Temos dois exemplos intrigantes na Bíblia sobre isso, um deles, o do apóstolo Paulo, e o outro de um profeta do Antigo Testamento chamado Isaías. Talvez esses dois exemplos nos mostrem o que acontece quando somos confrontados com nossa autoimagem, e consequentemente com a condição de nosso coração.

A narrativa bíblica nos conta que existiu, há muitos séculos, um profeta chamado Isaías, o qual escreveu sua biografia como parte da história profética do Antigo Testamento, mostrando-nos uma visão dada por Deus a ele, quando estava orando no templo em Jerusalém: "Ao som das suas vozes os batentes das portas tremeram, e o templo ficou cheio de fumaça. Então gritei: 'Ai de mim! Estou perdido, pois sou um homem de lábios impuros e vivo no meio de um povo de lábios impuros; os meus olhos viram o Rei, o SENHOR dos Exércitos!' Logo um dos serafins voou até mim trazendo uma brasa viva, que havia tirado do altar com uma tenaz. Com ela tocou a minha boca e disse: 'Veja, isto tocou os seus lábios; por isso, a sua culpa será removida, e o seu pecado será perdoado'" (Isaías 6:4-7).

Gostaria de chamar a atenção para um aspecto que geralmente não percebemos nesse texto. Isaías era um profeta, um pregador, um homem que fazia uso da palavra, da retórica, e isso era parte de sua identidade: ele falava e escrevia muito bem, era um intelectual de sua época. É justamente nessa área de seu corpo que o anjo toca a brasa viva, nos seus lábios, e torna Isaías consciente do que o tornava impuro, não necessariamente uma lista de atos excusos, mas sim, o seu orgulho. Sua reação é gritar: "Estou perdido, pois sou um homem de lábios impuros e vivo no meio de um povo de lábios impuros; os meus olhos viram o Rei, o SENHOR dos Exércitos!"

O que podemos aprender com essa visão tão particular e espetacular de Deus? A resposta mais óbvia é: quando alguém chega tão perto de Deus, como Isaías chegou, até aquilo que é mais "puro" e precioso em nossa vida, e nos traz significado, torna-se objeto de autoexame, em contraste com a santidade de Deus. Por isso, quanto mais nos aproximamos de Jesus, mais o Pai nos convence e amorosamente nos mostra quem somos realmente. É nesse momento que podemos ver, com toda honestidade, que até as nossas motivações mais "nobres" podem ser corrompidas pelo orgulho, sentindo-nos desprovidos de motivos para exaltação. Da mesma forma, as ofensas dos homens já não atingem aquilo que já foi "atingido" por Deus, pois, ao nos ferir primeiro, o Pai, na sua bondade, injeta em nosso sistema espiritual anticorpos contra essa face mais sutil da idolatria humana, que é o orgulho. Daí, segue-se a pureza de coração, sem a qual ninguém verá Deus. Isaías entendeu que aquilo que o separava de Deus era justamente sua autoimagem "positiva", sua "virtude espiritual".

Os puros de coração não são pessoas perfeitas, pois justamente a consciência de suas imperfeições as faz puras, afastando-se dia a dia da idolatria do ego. O escritor e filósofo inglês C. S. Lewis escreveu: "A partir do momento em que uma criatura se torna consciente de Deus como Deus e de si mesma como eu, abre-se diante dela a terrível alternativa de escolher Deus ou o eu como centro."

Certa vez, ao conversar com um amigo íntimo, fui surpreendido por uma confissão pessoal dele. Esse amigo me dizia que em certo momento de sua vida percebeu que, apesar de sentir que todas as coisas iam bem, algo ainda o incomodava, algo que era como um sentimento vago de ansiedade, que dificilmente seria definido sem que houvesse um tempo de reflexão pessoal em solitude. Ele assim o fez, saindo da agitação natural do dia-a-dia e retirando-se para um lugar isolado. Sua conclusão foi que, pouco a pouco, a avareza tinha tomado conta de seu coração.

Interessante notar que facilmente nos incomodamos com falhas em nosso caráter que são típicas, como imoralidade, ira e outros comportamentos que nos incomodam a consciência de maneira direta e dolorosa. Por exemplo, quem comete adultério não pode alegar que não sabia que a outra pessoa não era sua esposa ou marido, pois nesse caso específico, o ato é premeditado ou conscientemente permitido em um momento de fraqueza. Mas a avareza é um mal que assume diferentes tons em nossa mente: como erva daninha, toma conta do nosso coração sem que percebamos.

Jesus nos alertou com mais severidade contra esse mal do que contra qualquer outro, o amor ao dinheiro, o amor aos valores transitórios desta sociedade, que pouco a pouco nos afasta de nosso próximo e nos leva ao hedonismo.

Naquele dia, no Sermão do Monte, o mestre abriu os olhos da humanidade para a terrível possibilidade de não se ver Deus, pois somente os puros de coração o veriam. Tal pureza, como venho explicando até aqui, só é adquirida mediante um encontro consigo mesmo em honestidade absoluta, na presença e total entrega do eu nas mãos transformadoras do Pai.

Um homem chamado Paulo

No caso do conhecido personagem bíblico, o apóstolo Paulo, Deus o feriu em outra área. O conhecido apóstolo era judeu e pertencia a um segmento da religião judaica chamado "a lei de Moisés", ou simplesmente "a Lei". Os fariseus eram radicais na sua busca pela pureza doutrinária e pela integridade moral absoluta: "Se alguém pensa que tem razões para confiar na carne, eu ainda mais: circuncidado no oitavo dia de vida, pertencente ao povo de Israel, à tribo de Benjamim, verdadeiro hebreu; quanto à Lei, fariseu quanto ao zelo perseguidor da igreja; quanto à justiça que há na Lei, irrepreensível. Mas o que para mim era lucro, passei a considerar como perda, por causa de Cristo. Mais do que isso, considero tudo como perda, se comparado com a suprema grandeza do conhecimento de Cristo Jesus, meu Senhor, por quem perdi todas as coisas. Eu as considero como esterco para poder ganhar Cristo"(Filipenses 5:4-8).

Para Paulo, Deus preparou uma desilusão religiosa. Ele confiava em sua justiça própria; não tinha a menor ideia de que sua religiosidade era o que o afastava de Deus. Temos que entender que Paulo era honesto e sincero na sua busca de cumprir a lei de Deus, era um bom religioso, que pensava poder ver a face de Deus por meio de boas obras e ritos religiosos (como em qualquer religião). Toda aquela moralidade e toda a confiança no eu se desfizeram diante de um encontro humilhante com Jesus, que se revelou a ele durante uma missão religiosa a Damasco, descrita por Lucas no livro de Atos 9:3: "Em sua viagem, quando se aproximava de Damasco, de repente brilhou ao seu redor uma luz vinda do céu. Ele caiu por terra e ouviu uma voz que lhe dizia: 'Saulo, Saulo, por que você me persegue?' Saulo perguntou: 'Quem és tu, Senhor?' Ele respondeu: 'Eu sou Jesus, a quem você persegue'." Saulo, que teve seu nome trocado para Paulo, procurava matar e prender os cristãos em nome da religião, e nesse aspecto, ele se aproximava e se assemelhava mais com Jim Jones e Hitler do que com Deus. Porém, em sua sincera busca, ele se depara com um poder maior em seu caminho, o qual o faz ver que as pessoas podem estar sinceramente erradas.

Saulo teve um encontro, embora involuntário, com Deus. De certa forma, havia visto Deus e tivera sua autoimagem mudada. Já não era mais Saulo, o grande e bondoso benfeitor e defensor de sua fé, mas sim, Paulo, que considerou tudo o que tinha conquistado até aquele dia como esterco! Que contraste, que mudança!

Quero concluir a análise dessas duas personalidades bíblicas, em relação à pureza de coração, aproximando tais experiências para perto de cada um de nós. Todos nós trazemos na alma algo que nos faz viver mais um dia, uma visão daquilo que achamos que Deus quer para nós, projetos pessoais futuros e um sentimento de missão. Quando percebemos quão vulneráveis somos, esse sentimento se torna como uma epifania pessoal, que muitas vezes nos leva a questionar valores mais profundos. Nesta caminhada, se nos rendemos humildemente às mãos do Pai, ele nos conduzirá, sem dúvida, de "vitória em vitória" (1 João 5:4).

Afinal, quem está no controle da minha vida? Quem é que manda aqui?

Todos nós buscamos harmonia interna. A psicologia tem um termo interessante chamado *homeostase*, que significa justamente isto: a incessante busca interna de um equilíbrio emocional. Pode parecer estranho, mas esse mecanismo funciona da mesma forma que o ar condicionado, que tem uma peça chamada homeostato, o qual regula e dispara (ou desliga) o compressor quando a temperatura local atinge certo limite designado pelo usuário, no caso, você. Alguns gostam de "gelar" o quarto, enquanto outros o preferem mais "fresquinho".

O coração humano tem um limite de tolerância. Quando essa linha é cruzada, nós reagimos instintivamente para nos proteger: nosso "homeostato" interior é ligado, e ficamos na defensiva, levantamos nossos escudos.

É como um casal com filhos que vai à praia. Enquanto o marido tem em mente descansar de uma semana estafante, sua esposa tem outra agenda: pretende que seu marido a ajude com os filhos para que ela possa descansar. Os primeiros minutos na praia são promissores, a água está boa, o sol não está muito forte, tudo propenso e convidativo ao descanso. Mas então, na ânsia de preencher os desejos pessoais, cada um dos cônjuges começa a interferir na busca de "paz" um do outro. O final da história é previsível: a linha de tolerância de cada um foi cruzada e a discussão se torna inevitável. A homeostase fora rompida em ambos os lados, e a reação é quase imediata.

O marido tem bons argumentos, seu coração é sincero, ele realmente precisa descansar, mas a esposa também tem um coração sincero, e não entende por que as crianças são somente sua responsabilidade. É nesse momento tão corriqueiro da vida urbana, que podemos analisar vários fatores que se relacionam com aquilo que Jesus falou sobre a pureza de coração.

A maneira mais fácil de resolver essa questão seria um acordo prévio sobre quem faz o quê entre os dois antes de sair de casa, mas eu gostaria de levá-los abaixo da superfície dessa situação.

Cientistas e neurocirurgiões nos afirmam, mediante exaustivas experiências, que oitenta por cento daquilo que ocupa o cérebro está relacionado com o nível da subconsciência. A maior parte da energia mental é concentrada em processos que passam despercebidos dentro de nosso corpo, como respirar, temer etc. Tudo isso adiciona pressão emocional, e a maneira como reagimos, mesmo em situações tão simples, como um passeio na praia com a família, é um conjunto de fatores muito complexos que envolve toda a nossa psique, o nosso coração, as nossas reais motivações interiores, de que, repito, na maioria das vezes nem nos damos conta.

Você já se pegou procurando as chaves do carro enquanto estavam no seu bolso o tempo inteiro? Por que isso acontece? O funcionamento do cérebro, nesse caso, é muito parecido com o do computador. O sistema se vê carregado de informações e a máquina simplesmente trava e pára de funcionar. Para se concentrar na busca pela chave, o cérebro simplesmente "desliga" os estímulos externos.

Em suma, pode parecer que não estamos no controle de nossa vida, que somos vítimas de nós mesmos, de nossos instintos subconscientes, e que os outros, muitas vezes, colaboram para romper nossa procura pela homeostase. Se acreditarmos nisso de uma maneira axiomática e incontestável em nossa vida, todas as nossas atitudes estarão justificadas, e permaneceremos no "controle", mesmo que equivocado, de nossa vida. A psicanálise em determinados casos, pode também nos conduzir à autojustificação, quando nos aceitamos de maneira incondicional.

A psicanálise é simplesmente uma ferramenta eficaz nas mãos do terapeuta. Seu uso, porém, pode ser questionável em certas instâncias, quando somos talvez induzidos a aceitar em nós aquilo que não devemos aceitar, e a normalizar o que deve ser combatido. Mas isso é matéria de outra discussão.

O coração trabalha da mesma forma, procurando desesperadamente nos justificar de nossos erros, para que possamos viver sem culpa, sem crises, em harmonia com nossa alma. Assim nos tornamos cegos para a realidade que insiste em nos desmentir.

Jesus toca nessa área tão complexa de uma maneira simples, mas ao mesmo tempo insondável: "Bem-aventurados os puros de coração, pois verão a Deus." Para Cristo, existe o certo e o errado, o puro e o impuro. Ele nos leva diante do espelho, colocando-nos na linha de frente de combate e nos chamando a tomar uma decisão: mudar nossos paradigmas, abandonar e buscar pelo controle e delegar a ele nosso coração.

Capítulo 7

Bem-aventurados os pacificadores,
pois serão chamados filhos de Deus. (Mateus 5:9)

Noélio Duarte

O ministério de Jesus teve início com aquilo que poderia ser considerado a prova de fogo da sua maturidade espiritual: a tentação pelo Diabo. Logo após o batismo, foi levado pelo Espírito ao deserto para aquele que seria o seu confronto maior, após ter jejuado quarenta dias e quarenta noites, portanto fisicamente debilitado, bastante enfraquecido e com intensa fome. Foi um teste de profundo significado, em que, além de mostrar que estava preparado para exercer espiritualmente o seu ministério, ele demonstrou todo o seu conhecimento e domínio sobre os textos bíblicos do Antigo Testamento. Naquele memorável embate, Jesus não usou qualquer outro argumento a não ser o seu profundo conhecimento, cujo domínio refutou os ataques de seu adversário e o fez bater em retirada, derrotado, humilhado e vencido.

O Mestre sabia que seria difícil iniciar sozinho uma missão tão árdua e desafiadora. Assim, seu ministério começou de uma forma inusitada para quem tinha o sublime título de Filho de Deus: orando. O texto de Lucas 6:12-16 afirma que "num daqueles dias, Jesus saiu para o monte a fim de orar, e passou a noite orando a

Deus. E ao amanhecer chamou seus discípulos e escolheu doze deles, a quem também designou o nome de apóstolos". Agora ele tinha "aprendizes do Reino", homens que possuíam o perfil para aprender e propagar seus ensinos. Em Mateus 4:17,23, registra-se que "daí em diante Jesus começou a pregar: 'arrependam-se, pois o Reino dos céus está próximo', e foi por toda a Galiléia, ensinando nas sinagogas deles, pregando as boas novas do Reino e curando todas as enfermidades e doenças entre o povo". Jesus, também chamado de Raboni, um Mestre por excelência, precisava treinar seus seguidores mais imediatos para que fossem os *propagandistas do Reino*, os multiplicadores da Felicidade, ensinadores da Verdade, apresentadores do Novo Caminho fertilizadores da Paz.

Jesus escolheu aqueles doze seguidores e os transformou totalmente: de homens comuns, em discípulos incomuns, audaciosos, corajosos e fiéis à sua missão. Imbuídos de tão nobre missão, eles cumpriram com dedicação aquilo que o Mestre lhes havia confiado. Já nos momentos finais do seu ministério, preocupado com o aprendizado de seus discípulos, Jesus reafirmou tudo aquilo que lhes havia dito, mas apenas João registra as suas instruções finais: "Deixo-vos a minha paz..." É como se afirmasse de forma clara e inequívoca que o seu legado não era de litígios, provocações ou enfrentamentos, mas de harmonia e plena paz.

Anos mais tarde, já ressurreto, Jesus delegou-lhes a continuidade de seu ministério, afirmando-lhes: "Foi me dada toda a autoridade nos céus e na terra. Portanto, vão e façam discípulos de todas as nações, batizando-os em Nome do Pai, do Filho e do Espírito Santo, ensinando-os a obedecer a tudo o que eu lhes ordenei. E eu estarei sempre com vocês até o fim dos tempos" (Mateus 28:18-20). Novamente, o Senhor Jesus convalida a missão dos doze em Atos 1:8, quando afirma: "Mas receberão poder quando o Espírito Santo descer sobre vocês e serão minhas testemunhas em Jerusalém, em toda a Judeia e Samaria e até os confins da terra."

Jesus não investiu o seu precioso tempo em coisas extraordinárias, mas na formação e transformação do caráter daqueles que seriam os continuadores de sua obra: seus discípulos. A forma como Jesus os preparou mostrou a sua competência de Mestre: instruiu-os quando eram homens rudes e desinformados; orientou-os quando estavam totalmente inseguros, motivou-os quando estavam relutantes, encorajando-os quando estavam sem ânimo. E quando ele entendeu que já estavam preparados, delegou-lhes uma missão que envolvia tarefas e responsabilidades, estando sempre presente e participativo, e orientando-os ao longo dos desafios. Depois de investir tempo e qualidade nessa formação, lhes capacitou e comissionou. Jesus conhecia a necessidade daqueles seus seguidores mais íntimos e teve a preocupação em supri-las. Estava presente e atento, interagindo com eles de acordo com a situação, reagindo de acordo com essa identificação. Não foram necessários mais de três anos para que aquele pequeno grupo de homens desconhecidos começasse a mudar a história do mundo. Agora não eram apenas discípulos, mas destemidos e ousados apóstolos.

O que é ser um pacificador?

Segundo o Dicionário Aurélio, "pacificar é restituir a paz; tranquilizar". Consequentemente, pacificador é o agente promotor da paz, que tem como missão levar a paz onde quer que vá, deixando rastros de tranquilidade. Portanto, é alguém que faz a paz, é "um fazedor de paz", alguém que é capaz de estabelecer ou restabelecer um estado ou uma atitude permanente de paz no meio de qualquer campo de batalha.

Um pacificador, portanto, não é aquele que restabelece a paz entre pessoas ou grupos litigantes, mas sim aquele que estabelece a paz a partir ao seu interior — porque não é possível ser um verdadeiro pacificador de outros sem ser pacificador de si mesmo. A pior das discórdias, a mais trágica das guerras, é o conflito que um ser humano traz dentro de si. Isso é compreensível, uma vez que todos os conflitos externos são produtos de conflitos internos não devidamente pacificados. E o Mestre sabia ser um absurdo querer abolir as guerras ou revoluções de fora, as discórdias mais comuns, enquanto o ser humano não abolisse primeiro o conflito que há internamente.

"Deixo-vos a paz..." é o grande tratado assinado por Jesus, uma paz firme e indestrutível, plena de alegria e felicidade porque alicerçada sobre aquilo que ele mesmo chamou de "verdade libertadora". A verdadeira paz, portanto, é uma graça, uma dádiva de Deus outorgada a todo aquele que se torna receptivo a esse maravilhoso tesouro. Não pode ser construída pelo ser humano porque esse ser é autor de todas as discórdias que existem sobre a face da terra. Somente quando o divino habita o humano é que pode surgir a paz duradoura. A paz que Jesus deixou a todos não é inerte, passiva, como a não-resistência de uma ovelha diante de um lobo devorador, mas essencialmente ativa e dinâmica; uma exuberante plenitude vital e não uma agonizante e covarde atitude; é uma jubilosa afirmação e não uma titubeante negação. Assim, uma pessoa que estabeleceu em si a paz oferecida por Jesus é um poderoso fator para restabelecer a paz em outros indivíduos e, por meio deles, na sociedade em que vive. E, como é um representante da paz, não precisa fazer discursos: é em si mesmo uma fonte abundante e um autêntico foco dessa paz.

O que é paz?

Mais uma vez, o dicionário nos ensina que é "ausência de lutas, violências ou perturbações sociais, ou de conflitos entre pessoas; mas, também, o restabelecimento de relações amigáveis entre partes beligerantes". Mas o Mestre afirmou que não é simplesmente "ausência de lutas". Ao falar sobre a paz, não havia guerras ao redor, mas a paz real também não havia... Paz é uma atitude que domina o interior e se reflete em comportamentos irradiadores de um equilíbrio intenso e gerador de bem-estar.

Para haver paz no mundo externo e no interno é urgente que sejam extirpados ódio, ressentimento, suspeita e, principalmente, medo. Será preciso plantar e cultivar o amor, a alegria, a paciência e a compreensão. A paz é algo que se constrói; portanto, precisamos ser pacificadores se quisermos entrar no Reino de Deus. O primeiro local onde é preciso edificar a paz é exatamente no interior de cada pessoa.

No Novo Testamento, a paz é mais que uma mera sugestão ou um discurso, mas um ato de Cristo dotado de um significado profundo: a paz entre Deus e as pessoas. Em todo o evangelho há registros de curas e atenção de Jesus a todos aqueles que viviam à margem da sociedade, um nítido foco de uma paz global, oriunda do próprio Deus e que Jesus viveu em sua plenitude. Quando Jesus ressuscitou, sua primeira saudação aos discípulos foi "Paz seja convosco!" Essa saudação ecoou por séculos e continua sendo anunciada pelos cristãos, lembrando a paz abrangente que nos foi outorgada por meio de Jesus Cristo. Essa grandiosa paz foi criada não por pacificadores humanos, mas pelo próprio Deus.

É oportuno lembrar que o Novo Testamento está repleto de textos sobre a clara missão de se empenhar, de defender a paz e lutar por ela, de amar os inimigos e de preservar a paz entre as pessoas. Em suas cartas, o apóstolo Paulo deixa bem claro que a preocupação com a paz é parte integrante da personalidade da pessoa cristã. E promover essa paz é algo que o ser humano pode realizar — uma possibilidade exposta no Sermão do Monte —, desde que esteja sujeito à filiação de Deus. Assim, essa bem-aventurança é um gigantesco desafio: a confiança de que pessoas podem se tornar pacificadoras, mas só o conseguirão se estiverem em profunda comunhão com Deus, o eterno Pacificador.

Por que é tão difícil ser um pacificador, um agente da paz?

O apóstolo Paulo, o gigante da fé e do evangelismo mundial, por várias vezes se manifestou preocupado com essa paz, sendo ele mesmo um pacificador, um promotor da paz. Em Romanos 12:18, faz uma séria advertência aos cristãos de Roma quando afirma: "Façam todo o possível para viver em paz com todos." Já escrevendo aos cristãos de Éfeso (Efésios 4:3), mais uma vez manifestou sua preocupação, afirmando: "Façam todo o esforço para conservar a unidade do Espírito pelo vínculo da paz." Mas escrevendo aos cristãos de Colossos (Colossenses 3:15) clama: "Que a paz de Cristo seja o juiz em seu coração, visto que vocês foram chamados para viver em paz, como membros de um só corpo. E sejam agradecidos!"

O apóstolo está afirmando que Cristo, que é a paz de Deus, veio para nos fazer participantes dessa paz e, para isso, usa esse termo tão significativo: "que a paz de Cristo domine vossos corações..." O que quer dizer a palavra dominar? Está relacionada a uma luta contínua e difícil. Ser cristão, portanto, pressupõe ser propagador, pacificador e contínuo lutador pela paz de Cristo.

À medida que buscamos as coisas do alto (Colossenses 3:1) e procuramos construir a paz, percebemos grandes obstáculos interiores e exteriores que precisam ser vencidos. O grande Sermão do Monte registrado em Mateus 5 — o sermão das bem-aventuranças, da felicidade humana, da vitória e da paz, do buscar em primeiro lugar o Reino de Deus — permite-nos uma conclusão maravilhosa: ser um pacificador é ser chamado filho de Deus. Assumir a missão de ser cristão — um restituidor da paz — significa não abrir mão da tranquilidade. Não se pode achar que paz é comodismo ou ausência de problemas. A paz a ser construída, o *shalom* de Deus, tem um modelo fantástico: Jesus. Sim, Cristo é a nossa paz!

Os promotores da paz recebem do Mestre o honorífico título de "filho de Deus". É como se ele dissesse de modo claro e inconfundível: "Bem-aventurados os pacificadores porque devem ser chamados de *cristos de Deus*", uma vez que Cristo não é um nome, mas um título, como "Filho de Deus". Cristo é a tradução de Messias ou ungido de Deus, de quem Israel esperava a paz, e foi Isaías que registrou isso de forma poética e profética: "Porque um menino nos nasceu, um filho nos foi dado, e o governo está sobre os seus ombros. E ele será chamado Maravilhoso Conselheiro, Deus Poderoso, Pai Eterno e Príncipe da Paz". Promover a paz é uma vocação que provém da filiação de Deus. Assim, bem-aventurados são aqueles que deixam transparecer a descendência de Deus, porque os pacificadores deste mundo manifestam em si a essência do próprio Deus.

Quando Paulo afirma que devemos ter a paz como triunfo em nosso coração, está fazendo referência a mudanças no íntimo. Ser um pacificador, um propagador da paz, não significa ser tomado de alegria constante e felicidade diária. Pacificador, aquele que faz a paz triunfar, significa ser também um conquistador, que passará por problemas e imensas dificuldades. Na vida de um pacificador, em muitos momentos as coisas não darão certo, porque é um ser humano, mas os olhos devem estar fixos no autor e consumador da fé e da paz: Jesus. Ele, sim, é o modelo supremo.

Um pacificador está convicto de que a paz sempre estará em construção. Se ele cruzar os braços acreditando que está pronta, ela começa a estagnar novamente. É como a construção de uma casa: fica linda, nova, mas começa a se deteriorar com o tempo, sendo preciso reconstruí-la sempre, fazendo reparos e, de vez em quando, providenciando reforma, pintura e conserto dos pontos vulneráveis. Assim é a vida de um construtor da paz: uma luta permanente, mas todos os dias caminha um pouco, cresce, sem perder o seu alvo supremo.

Jesus não veio ao mundo ensinar paz e salvação para depois da morte. Ele veio ensinar a construir o Reino de Deus. E ainda hoje convoca cristãos para a missão de ser um construtor da paz. E o que é construir a paz? Significa viver e estar sempre sob a ação de Deus. É um crescer contínuo, debaixo da ação do Espírito Santo, que Deus nos dá à proporção que vamos abrindo o coração para o seu santo domínio.

Para ser um construtor da paz no íntimo do coração, é preciso aceitar uma verdade profunda: somos limitados e fracos. Paulo, um construtor da paz, experimentou essa verdade quando pediu ao Senhor para tirar o espinho de sua carne, mas a resposta que ele ouviu foi: "a minha Graça te basta" (2 Coríntios 12:9). O Senhor estava ensinando que ele era fraco. Uma pessoa pode até ter muitos talentos, muitos dons; pode saber fazer muitas coisas, mas pode sofrer quedas. Assim, é preciso deixar-se conduzir pelo Espírito Santo, o qual revela que somos fracos, mas que Deus trabalha a partir de nossas fraquezas. É preciso admitir nossa fragilidade e afirmar constantemente: "Eu preciso de Deus." Isso significa uma intensa luta interior, mas regida pelo Espírito Santo, para vencer pecados, vícios, problemas interiores e exteriores, psíquicos, afetivos e espirituais. E Deus usa pessoas fracas para que, por meio da fraqueza, se manifeste sua força e o seu poder. O triunfo da paz é deixar vencer a paz e não o ódio, não as dificuldades e nem os problemas.

Todo cristão é chamado a ser um pacificador — um construtor da paz — para que essa paz triunfe no coração. Essa é a nossa maior vocação, esse é o chamado de Deus para nós. Devemos permitir que o Senhor reine e triunfe em nós, em nossa casa, em nossa vida, em nossas dificuldades. A paz de Cristo é a paz que cura, restaura e transforma. Naqueles momentos em que ficamos furiosos e temos vontade de agredir alguém, é preciso dizer com convicção: "Sou um construtor da paz, sou um pacificador e que a paz vença em meu coração. Fui chamado para viver a paz, que é Jesus, paz que os anjos cantaram aos pastores, que Jesus veio trazer a seus discípulos." E o Mestre ainda hoje quer nos ensinar à proporção que damos lugar à sua santa Palavra. O triunfo da paz, por nosso intermédio, é possível.

Para sermos construtores da paz — pacificadores — precisamos caminhar por uma longa estrada para palmilhá-la lentamente, com resistência e persistência. Assim, vamos construindo a paz, vamos nos tornando melhores construtores, diariamente. Que essa paz triunfe, diariamente, em cada coração porque para isso fomos chamados a fim de formar um único corpo, e que sejamos agradecidos.

Quais são as características de um pacificador?

Um pacificador tem características bem especiais que o qualificam como promotor e propagador da paz. Por onde passa, deixa as boas marcas que lhe são peculiares. Um pacificador, também chamado filho de Deus, possui sete características marcantes:

1. É persistente e tem iniciativa própria. Um pacificador não desiste facilmente e não abandona ou foge diante do primeiro sinal de perseguição e nem para diante dos obstáculos. Marcha com entusiasmo, tem uma atitude sempre positiva, é dedicado, tem fé, apesar das oposições, lutas e tentações. Enfrenta com segurança os que se opõem à fé. Ele sabe que a jornada não será fácil e entende que o que cavalga os caminhos altos, difíceis e pedregosos, muitas vezes precisa fazê-lo sozinho. Não espera alcançar o alvo de maneira fácil, como se apenas pudesse deslizar, escorregar pelo monte ou navegar em águas tranquilas. Sabe que enfrentará obstáculos, mas está disposto a marchar para o alvo, até alcançar o prêmio da soberana vocação de Deus (Filipenses 3:14). Saberá lutar a boa batalha da fé!
2. É adaptável. Falando aos cristãos de Corinto, Paulo referiu-se a essa característica do pacificador expressa em 1 Colossenses 9:19-23: "Porque embora seja livre de todos, fiz-me escravo de todos, para ganhar o maior número possível de pessoas. Tornei-me judeu para os judeus, a fim de ganhar os judeus. (...) Para com os fracos, tornei-me fraco, para ganhar os fracos. Tornei-me tudo para com todos, para de alguma forma salvar alguns. Faço tudo por causa do evangelho, para ser co-participante dele."

Aqueles que são chamados por Deus para serem pacificadores fazem muitas coisas. Um pacificador deve especializar-se no que faz e a capacitação deve correr como sangue em suas veias. No entanto, precisa ser versátil. Tem de aprender a ser ágil como um boxeador no ringue e adaptar-se a todo tipo de situação. Será convocado para falar em muitos eventos e ministrar a paz a todo tipo de pessoa.

3. É motivado e trabalhador. Um pacificador tem o coração naquilo que faz e entrega-se a ele de corpo e alma. Como o salmista, expressa sua atitude diante de Deus: "De todo o coração eu te busquei; não me deixes fugir aos teus mandamentos" (Salmo 119:10). E é muito bom que seja motivado. É preciso entender que Jesus não chamou homens ociosos e nem vadios, mas aqueles que sabiam trabalhar e enfrentar as adversidades. Os pacificadores são pessoas acostumadas a batalhas desafiadoras. Moisés, um pacificador, foi chamado por Deus quando pastoreava o rebanho de ovelhas de seu sogro. Davi foi chamado enquanto trabalhava no campo. Eliseu estava atrás de uma junta de bois arando a terra. O trabalho de um pacificador, que também foi comissionado a cada cristão, é duro e difícil.

   Muitas vezes o trabalho requer paciência, persistência e resistência. Outras vezes, a habilidade de interagir com pessoas; outras, o poder persuasivo das palavras bem "temperadas", levando pessoas a refletirem e adotarem o padrão de pacificadores. Certamente, o trabalho de um pacificador, um promotor da paz, é ousado e nem sempre valorizado.

Mas ele sempre vai em frente diante dos desafios e adversidades. Um pacificador é um ser "temperado" pelo fogo do Espírito Santo e malhado na "bigorna" da fé.

4. Está sempre alerta. Um pacificador deve estar atento a tudo o que acontece ao seu redor. Se falhar nessa área, seu trabalho estará prejudicado. Uma pessoa atenta sabe para onde vai e conhece o caminho para chegar lá, sem no entanto restringir a visão a si mesmo; como um bom atleta, possui uma ampla visão do que está ocorrendo na pista. O caminho para o alvo pode ser estreito, mas a sua visão é muito ampla.

Pode-se identificar um pacificador pela sua forma de falar e por sua atenção. Ele está ciente de tudo o que acontece ao seu redor, é aberto à instrução, é vigilante e está sempre alerta. Quem não possui essas qualidades é limitado e passa a fazer parte da fileira dos que precisam aprender tudo de novo, passo a passo. Um pacificador sabe que vive sob pressão — e ela vem de todos os lados, de todos os tipos de pessoas; pressão positiva e negativa. Sabe também que em algumas situações precisa tomar iniciativas rápidas. As pressões comuns da vida virão sobre os pacificadores. Pressões financeiras, familiares, enfermidades, desafios, entre outras, mas as enfrenta e serve a Deus em sua geração.

A estabilidade é uma das qualidades fundamentais na vida do pacificador e ele existe quando crê firmemente na soberania e no controle de Deus sobre os assuntos dos homens. Ele deve crer que Deus está no controle (Salmo 115:3); que todas as coisas, de fato, cooperam para o bem daqueles que o amam (Romanos 8:28,29); e que ele usa os acontecimentos para moldar o seu caráter em nossa vida. A confiança é a chave da estabilidade. É preciso confiar nele como um Deus amoroso e Pai cuidadoso.

5. Tem capacidade organizacional. Consegue unir as pessoas ao seu redor. Sabe também que, trabalhando juntos, se forem unidos e organizados, dois podem mais do que um. O mesmo princípio se aplica a três, quatro ou mais pessoas. Qualquer que seja o projeto em que um pacificador esteja envolvido, ele o divide em etapas porque é organizado.

   Percebe-se quando alguém tem capacidade organizacional. Um pacificador tem alvos que são reais e pelo conhecimento que possui, pela força que detém, consegue alcançá-los. É alguém pontual em todos os seus compromissos; é um estrategista dedicado e empenhado em sua missão de pacificar. Não vive improvisando, mas planeja ações continuadas, segundo a visão que Deus lhe deu. Ele sabe que organização pessoal é algo que pode ser aprendido.

6. É crítico e criativo. Essas duas qualidades estão colocadas lado a lado, por estarem relacionadas entre si, ainda que algumas pessoas tenham apenas uma delas. Se a mente julgadora for dominante (mente que sabe julgar os fatos), o pacificador será alguém estável, pensador, metódico e produtivo. Se o traço criativo sobressai, a pessoa usará sua criatividade. Seu "acendimento automático" produz "faísca" bem mais rápido, o que lhe permite agilidade em seu estilo de atuar.

   A mente crítica, portanto, é capaz de inovar e apresentar novas ideias, o que faz com frequência. Pessoas desse tipo têm a capacidade de implementar essas novas ideias de forma sólida e prática. A mente criativa precisa fazer duas coisas: ter o bom senso de descartar a multiplicidade de ideias que lhe fervilham na mente, e ficar apenas com uma, implementando-a imediatamente. Isso possibilita uma grande sensação de realização.

7. Tem fome de Deus. Além do desejo de se envolver no "ministério da propagação da paz", um pacificador é alguém que sabe da necessidade da aproximação contínua e intensa com Deus, por isso ele tem muita fome de Deus. É fato que toda pessoa que se aproxima de Deus tem necessidade de se alimentar dele de dia e de noite. Portanto, um pacificador é alguém que tem profundo desejo de "orar sem cessar", que almeja Deus e por ele clama todos os dias, como Davi, que afirmou: "Como o cervo anseia pelas correntes das águas, assim suspira a minha alma por ti, Ó Deus" (Salmo 42:1). Pouco tempo depois, o mesmo Davi se expressou: "A minha alma apega-se a ti: a tua destra me ampara" (Salmo 63:8). Trata-se de uma fome que o leva a pagar qualquer preço para obter o "precioso alimento". Está ciente do custo e mostra disposição de pagar por ele. É aqui que a demanda de ser um propagador da paz o desafia: "Se alguém quiser vir após mim, negue-se a si mesmo, tome diariamente a sua cruz e siga-me" (Lucas 9:23).

Talvez não tenhamos muitos pacificadores porque a Bíblia é muito clara ao mostrar o preço que isso exige... E é necessário pagar tal preço. Jesus procedeu dessa forma. Depois de ouvirem dele algumas coisas "muito duras", alguns de seus discípulos decidiram abandoná-lo, como relata João 6:66,67: "Daquela hora em diante, muitos dos seus discípulos voltaram atrás e deixaram de segui-lo." Quando Jesus os viu se retirando, virou-se para os doze e lhes perguntou: "Vocês também não querem se retirar?" Ele não os intimidou, nem suplicou ou os coagiu a ficar... Mas ele conhecia cada coração e sabia o quanto precisavam dele. Nesse momento, atuando como um porta-voz do grupo, Pedro se expressou: "Senhor, para quem iremos, se tu tens as palavras de vida eterna?" Pedro sabia o quanto era difícil ficar longe de quem tem o suprimento necessário e que abastece todo aquele que deseja ser um pacificador, um propagador da paz.

... Serão chamados filhos de Deus!

O pacificador é aquele que tem como objetivo único a presença e a glória de Deus entre os homens! Jesus tinha essa preocupação e seu grande objetivo não era ele mesmo, mas a glória do Pai. O pacificador é aquela pessoa cuja preocupação central é glorificar a Deus, porquanto usa a sua vida em prol dessa glória. É alguém que se dispõe a deixar-se humilhar e que está pronto para fazer tudo e qualquer coisa a fim de que a glória de Deus seja promovida entre os homens. E deseja isso com toda a intensidade de sua alma, que se dispõe a pagar o preço para concretizar o seu alvo. E está mesmo disposto a sofrer ofensas e injustiças, a fim de que a paz seja estabelecida entre os homens e a glória de Deus seja magnificada.

Entretanto, o texto de Mateus 5:9 se inicia afirmando: "Bem-aventurados (felizes) os pacificadores..." e conclui: "porque serão chamados filhos de Deus." A recompensa implícita no texto é que eles "serão chamados filhos de Deus". Portanto, todo pacificador é um filho de Deus e deve se assemelhar a seu Pai celestial. Escrevendo aos romanos, o apóstolo Paulo fala do "Deus da paz" e ora para que seus leitores recebam aquela paz que procede de Deus Pai, tendo ele a estabelecido por meio de seu amado Filho, que se humilhou a fim de determiná-la de modo glorioso e eterno. Por isso mesmo os pacificadores são considerados "filhos de Deus", pois espelham aquilo que Deus já fizera, isto é, providenciou para nós a paz em Cristo. Portanto, ser um pacificador é ser como Deus, é ser como o Filho de Deus. E vale a pena relembrar que Jesus recebeu o título de "Príncipe da Paz". Em Filipenses 2, Paulo relata que "embora ele não tivesse julgado por usurpação o ser igual a Deus, ainda assim humilhou-se a si mesmo. Ele não estava obrigado a vir a este mundo, mas veio deliberadamente, porquanto ele é o Príncipe da Paz".

E como foi que Jesus estabeleceu a Paz? O mesmo apóstolo Paulo afirma que foi "pelo sangue da sua cruz...". Jesus entregou a si mesmo a fim de que todos pudéssemos ter paz com Deus e usufruir de paz no íntimo e também uns com os outros. Ser um pacificador é ser semelhante a Jesus, "porque ele é a nossa Paz". E, finalmente, que Deus nos conceda a bênção de perceber essa gloriosa verdade, tornando-nos reflexos e fiéis reproduções do Príncipe da Paz. Somente assim poderemos ser chamados Filhos de Deus.

Em um cenário mundial de apologia à violência, com a participação massiva de todos os veículos de comunicação e predominância da mídia de entretenimento, mostrando o que há de pior no ser humano, essa bem-aventurança mostra que há algo mais feliz e profundo: participar do mutirão pela paz, trabalhar pela paz. A vocação para ser um "Cristo de Deus" é uma vocação para promover a paz. E os Filhos de Deus, onde vivem e atuam, dedicam-se de corpo e alma a promoverem a paz, por isso têm o sublime nome de pacificadores. Esses, sim, são felizes e muito bem-aventurados!

São Francisco de Assis, um pacificador, um promotor da paz, em um poema de rara sensibilidade espiritual, assim se expressou:

> "Senhor, fazei de mim um instrumento de vossa Paz!
> Onde houver ódio, que eu leve o amor.
> Onde houver ofensa, que eu leve o perdão.
> Onde houver discórdia, que eu leve a união.
> Onde houver dúvida, que eu leve a fé.
> Onde houver erro, que eu leve a verdade.
> Onde houver desespero, que eu leve a esperança.
> Onde houver tristeza, que eu leve a alegria.
> Onde houver trevas, que eu leve a luz..."

Referências Bibliográficas

CHAVES, I. S. *Mateus, o Evangelho do Reino*. Rio de Janeiro, JUERP: 2002. 128p.

ALLEN, C. L. *A psiquiatria de Deus*. Venda Nova, Betânia: 1981. 163p.

MEISTER, Sabine. *O Sermão do Monte e as bem-aventuranças*. São Leopoldo, Sinodal: 1996. 112p.

EIMS, Leroy. *A arte perdida de fazer discípulos*. Belo Horizonte, Atos: 2000. 208p.

JONES, Martin Lloyd. *Estudos no Sermão do Monte*. 5ª edição. São José dos Campos (SP) Fiel: 1999. 606p.

Capítulo 8

Bem-aventurados os perseguidos por causa da justiça,
pois deles é o Reino dos céus. (Mateus 5:10)

Jorge Linhares

Antes de enunciar os preceitos do Reino, Jesus aponta os que poderão gozar de seu governo. Como já foi visto, "bem-aventurado" é o mesmo que "feliz". Significa ser enriquecido por Deus, e esse enriquecimento é no caráter, e não nas possessões. É "no que sou", e não "no que tenho", que me torno verdadeiramente enriquecido ou bem-aventurado.

A questão do sofrimento é bem relativa e é preciso analisar cada situação. É importante você orar para saber a causa do seu sofrimento, suplicando a Deus por transformação. Essas causas podem ser divididas em sofrimento por causa da "justiça" (ou seja, sofrimento justo) ou por causa da "injustiça" (ou seja, sofrimento injusto). *O primeiro tipo de sofrimento advém de nossos erros*. Um exemplo: avalizar alguém e sofrer em decorrência.

Na Escritura, Davi confessou estar sofrendo não por injustiça de Deus, mas por ter feito mal a alguém, como lemos no livro de Samuel:

E aconteceu que, tendo decorrido um ano, no tempo em que os reis saem à guerra, enviou Davi a Joabe, e com ele os seus servos, e a todo o Israel; e eles destruíram os filhos de Amom, e cercaram a Rabá; porém Davi ficou em Jerusalém. E aconteceu que numa tarde Davi se levantou do seu leito, e andava passeando no terraço da casa real, e viu do terraço a uma mulher que se estava lavando; e era esta mulher mui formosa à vista.

E mandou Davi indagar quem era aquela mulher; e disseram: Porventura não é esta Bate-Seba, filha de Eliã, mulher de Urias, o heteu?

Então enviou Davi mensageiros, e mandou trazê-la; e ela veio, e ele se deitou com ela (pois já estava purificada da sua imundícia); então voltou ela para sua casa.

E a mulher concebeu; e mandou dizer a Davi: Estou grávida.

Então Davi mandou dizer a Joabe: Envia-me Urias o heteu. E Joabe enviou Urias a Davi.

Vindo, pois, Urias a ele, perguntou Davi como passava Joabe, e como estava o povo, e como ia a guerra.

Depois disse Davi a Urias: Desce à tua casa, e lava os teus pés. E, saindo Urias da casa real, logo lhe foi mandado um presente da mesa do rei.

Porém Urias se deitou à porta da casa real, com todos os servos do seu senhor; e não desceu à sua casa.

E fizeram saber isto a Davi, dizendo: Urias não desceu a sua casa. Então disse Davi a Urias: Não vens tu duma jornada? Por que não desceste à tua casa?

E disse Urias a Davi: A arca, e Israel, e Judá ficaram em tendas; e Joabe, meu senhor, e os servos de meu SENHOR estão acampados no campo; e hei de eu entrar na minha casa, para comer e beber, e para me deitar com minha mulher? Pela tua vida, e pela vida da tua alma, não farei tal coisa.

Então disse Davi a Urias: Demora-te aqui ainda hoje, e amanhã te despedirei. Urias, pois, ficou em Jerusalém aquele dia e o seguinte.

E Davi o convidou, e comeu e bebeu diante dele, e o embebedou; e à tarde saiu a deitar-se na sua cama com os servos de seu senhor; porém não desceu à sua casa.

E sucedeu que pela manhã Davi escreveu uma carta a Joabe; e mandou-lha por mão de Urias.

Escreveu na carta, dizendo: Ponde a Urias na frente da maior força da peleja; e retirai-vos de detrás dele, para que seja ferido e morra.

Aconteceu, pois, que, tendo Joabe observado bem a cidade, pôs a Urias no lugar onde sabia que havia homens valentes.

E, saindo os homens da cidade, e pelejando com Joabe, caíram alguns do povo, dos servos de Davi; e morreu também Urias, o heteu.

Então enviou Joabe, e fez saber a Davi todo o sucesso daquela peleja.

E deu ordem ao mensageiro, dizendo: Acabando tu de contar ao rei todo o sucesso desta peleja, e sucedendo que o rei se encolerize, e te diga: Por que vos chegastes tão perto da cidade a pelejar? Não sabíeis vós que haviam de atirar do muro?

Quem feriu a Abimeleque, filho de Jerubesete? Não lançou uma mulher sobre ele do muro um pedaço de uma mó corredora, de que morreu em Tebes? Por que vos chegastes ao muro? Então dirás: Também morreu teu servo Urias, o heteu.

E foi o mensageiro, e entrou, e fez saber a Davi tudo o que Joabe o enviara a dizer.

E disse o mensageiro a Davi: Na verdade que mais poderosos foram aqueles homens do que nós, e saíram a nós ao campo; porém nós fomos contra eles, até à entrada da porta.

Então os flecheiros atiraram contra os teus servos desde o alto do muro, e morreram alguns dos servos do rei; e também morreu o teu servo Urias, o heteu.

E disse Davi ao mensageiro: Assim dirás a Joabe: Não te pareça isto mal aos teus olhos; pois a espada tanto consome este como aquele; esforça a tua peleja contra a cidade, e a derrota; esforça-o tu assim.

Ouvindo, pois, a mulher de Urias que seu marido era morto, lamentou a seu senhor.

E, passado o luto, enviou Davi, e a recolheu em sua casa, e lhe foi por mulher, e deu-lhe à luz um filho. Porém esta coisa que Davi fez pareceu mal aos olhos do SENHOR.

(2 SAMUEL 11:2-27)

Davi era um rei, e se envolveu com a mulher de um dos generais do seu reino, Urias, que estava na frente da batalha guerreando por ele. Davi engravidou a esposa do oficial e o mandou para a linha de frente do combate, com o fim de que fosse morto. Esse ato lhe trouxe consequências terríveis. Para começar, foi desmascarado pelo profeta:

E O SENHOR enviou Natã a Davi; e, apresentando-se ele a Davi, disse-lhe: Havia numa cidade dois homens, um rico e outro pobre.

O rico possuía muitíssimas ovelhas e vacas.

Mas o pobre não tinha coisa nenhuma, senão uma pequena cordeira que comprara e criara; e ela tinha crescido com ele e com seus filhos; do seu bocado comia, e do seu copo bebia, e dormia em seu regaço, e a tinha como filha.

E, vindo um viajante ao homem rico, deixou este de tomar das suas ovelhas e das suas vacas para assar para o viajante que viera a ele; e tomou a cordeira do homem pobre, e a preparou para o homem que viera a ele.

Então o furor de Davi se acendeu em grande maneira contra aquele homem, e disse a Natã: Vive o SENHOR, que digno de morte é o homem que fez isso.

E pela cordeira tornará a dar o quadruplicado, porque fez tal coisa, e porque não se compadeceu.

Então disse Natã a Davi: Tu és este homem. Assim diz o SENHOR Deus de Israel: Eu te ungi rei sobre Israel, e eu te livrei das mãos de Saul; e te dei a casa de teu senhor, e as mulheres de teu senhor em teu seio, e também te dei a casa de Israel e de Judá, e, se isto é pouco, mais te acrescentaria tais e tais coisas.

Porque, pois, desprezaste a palavra do SENHOR, fazendo o mal diante de seus olhos? A Urias, o heteu, feriste à espada, e a sua mulher tomaste por tua mulher; e a ele mataste com a espada dos filhos de Amom.

Agora, pois, não se apartará a espada jamais da tua casa, porquanto me desprezaste, e tomaste a mulher de Urias, o heteu, para ser tua mulher.

Assim diz o SENHOR: Eis que suscitarei da tua própria casa o mal sobre ti, e tomarei tuas mulheres perante os teus olhos, e as darei a teu próximo, o qual se deitará com tuas mulheres perante este sol.

Porque tu o fizeste em oculto, mas eu farei este negócio perante todo o Israel e perante o sol.

> Então disse Davi a Natã: Pequei contra o SENHOR. E disse Natã a Davi: Também o SENHOR perdoou o teu pecado; não morrerás.
>
> Todavia, porquanto com este feito deste lugar sobremaneira a que os inimigos do SENHOR blasfemem, também o filho que te nasceu certamente morrerá.
>
> Então Natã foi para sua casa; e o SENHOR feriu a criança que a mulher de Urias dera a Davi, e adoeceu gravemente.
>
> (2 Samuel 12:1-16)

Não adianta enganar as pessoas; para Deus, com isso se consegue apenas tempo. Ele está no controle de todas as coisas e vê o oculto e o escondido. A luz e a escuridão são para ele a mesma coisa. Deus usou um profeta para dizer a Davi que ele estava errado. Davi disse que sofreu, mas não por injustiça. Ore a Deus pedindo força para suportar esse sofrimento. Para que o tempo do sofrimento seja abreviado.

Eu mesmo dei mancada: aceitei ser avalista de alguém, o que me trouxe muitos transtornos. Minha oração naquele tempo era: "Deus, me dá condições para pagar essa dívida, me dê forças." A Bíblia diz que, quando admitimos que erramos, fica mais fácil para Deus agir, como está escrito em Provérbios: "O que encobre suas transgressões nunca prosperará, mas o que as confessa e deixa alcançará misericórdia" (Provérbios 28:13).

O segundo tipo de sofrimento é por um propósito divino. Você sofre injustiça, as coisas não acontecem, você não entende. Sua oração deve ser: "Deus, peço que me mostre o porquê."

Esse tipo de sofrimento revela um propósito específico de Deus. Um exemplo disso foi a conversão do apóstolo Paulo. Jesus lhe disse: "Vai, porque este é para mim um vaso escolhido, para levar o meu nome diante dos gentios, e dos reis e dos filhos de Israel. E eu lhe mostrarei quanto deve padecer pelo meu nome" (Atos 9:15,16).

Esta é a chave: sofrer por causa de Jesus. Havia vários tipos de sofrimento em perspectiva. Paulo era um cidadão romano e teria que abrir mão de todos os seus privilégios para que o evangelho fosse pregado aos gentios. Como quem diz: "Eu aprendi a estar por cima e estar por baixo, eu aprendi a ser honrado e ser alguém pisado", Paulo deixou bem claro em 1 Coríntios 13 que era um homem que sofre. Aquela carta de amor é resultado de um homem que sabia que os pilares da vida cristã são a fé, a esperança e o amor. Isso é prova de um homem que sofreu por amor a Cristo. As pessoas viam Jesus nele, que afirmava: "Sede meus imitadores como eu sou de Cristo" (1 Coríntios 11:1).

O terceiro tipo de sofrimento é a perseguição injusta. O exemplo clássico é o de José, um moço de Deus sempre sofrendo injustiças.

José tem um sonho e o conta a seu pai, Jacó. Seu pai vê aquilo como afronta a ele e a seus irmãos, contando-lhes o sonho. Os irmãos o perseguem e passam a odiá-lo.

No caso de Davi, a oração seria para que Deus abreviasse seu sofrimento; no de Paulo, que Deus o fortalecesse; para José, a resposta foi o silêncio de Deus. Sua injustiça foi visível: feito como escravo, foi trabalhar na casa de um oficial cuja esposa se insinua para José, querendo deitar-se com ele.

> E deixou tudo o que tinha na mão de José, de maneira que nada sabia do que estava com ele, a não ser do pão que comia. E José era formoso de porte, e de semblante.
>
> E aconteceu depois dessas coisas que a mulher do seu senhor pôs os seus olhos em José, e disse: Deita-te comigo.

> Porém ele recusou, e disse à mulher do seu SENHOR: Eis que o meu senhor não sabe do que há em casa comigo, e entregou em minha mão tudo o que tem;
>
> Ninguém há maior do que eu nesta casa, e nenhuma coisa me vedou, senão a ti, porquanto tu és sua mulher; como pois faria eu tamanha maldade, e pecaria contra Deus?
>
> (Gênesis 39:6-9).

A Bíblia diz que José era bonito, vistoso, e essa mulher quis ter um relacionamento com ele. A mulher de Potifar, o oficial, continuou pressionando para que ele cometesse adultério. José não aceitava, pois caminhava rumo a uma visão celestial. Até que um dia a mulher cria uma situação, tenta agarrá-lo e ele foge, deixando a capa em suas mãos. Não conseguindo seu intento, a mulher conta ao marido sua versão, de que José tentara agarrá-la. A Bíblia diz que José é preso e jogado no cárcere injustamente.

> E aconteceu que, vendo ela que deixara a sua roupa em sua mão, e fugira para fora, chamou aos homens de sua casa, e falou-lhes, dizendo: Vede, meu marido trouxe-nos um homem hebreu para escarnecer de nós; veio a mim para deitar-se comigo, e eu gritei com grande voz;
>
> E aconteceu que, ouvindo ele que eu levantava a minha voz e gritava, deixou a sua roupa comigo, e fugiu, e saiu para fora.
>
> E ela pôs a sua roupa perto de si, até que o seu SENHOR voltou à sua casa.
>
> Então falou-lhe conforme as mesmas palavras, dizendo: Veio a mim o servo hebreu, que nos trouxeste, para escarnecer de mim;
>
> E aconteceu que, levantando eu a minha voz e gritando, ele deixou a sua roupa comigo, e fugiu para fora.

> E aconteceu que, ouvindo o seu senhor as palavras de sua mulher, que lhe falava, dizendo: Conforme a estas mesmas palavras me fez teu servo, a sua ira se acendeu.
>
> E o senhor de José o tomou, e o entregou na casa do cárcere, no lugar onde os presos do rei estavam encarcerados; assim esteve ali na casa do cárcere.
>
> O SENHOR, porém, estava com José, e estendeu sobre ele a sua benignidade, e deu-lhe graça aos olhos do carcereiro-mor.
>
> (Gênesis 39:13-21)

O Senhor cuidou de José, mesmo em silêncio.

Um dos lugares mais lindos em Israel é onde Jesus pregou o Sermão do Monte. É o único lugar do mundo em que o lírio floresce em todas as estações do ano. E Jesus subiu esse monte. De lá, avista-se um verdadeiro tapete florido, da cor lilás, diferente dos lírios de nosso país. Israel tem uma terra abençoada por Deus. Amamos o Brasil, mas existem coisas peculiares em Israel. E Jesus pronunciou esse sermão ali, naquele monte.

Gosto de orar por pessoas que passam por lutas, perseguições, afrontas. Pois sei que Deus é poderoso para mudar a sua história. Também gosto de contar as histórias da minha vida para mostrar que não sou um super-homem. Deus mudou a minha sorte e me justificou.

Quando eu era menino, morava em Belo Horizonte, Minas Gerais, e entregava jornal todos os dias na rua Jacuí. Alguns jornais eram assinatura e outros, venda. Ainda me lembro de uma casa em que, quando fui receber, o marido me chamou: "Menino ladrão! Moleque sem-vergonha!"

Ele não me deu oportunidade de responder. Todas as vezes em que passo naquele lugar lembro que fui enxotado e injustiçado naquela casa, sendo chamado de ladrão. Quem bateu esquece, mas quem apanhou nunca esquece. Porém, aos olhos de Deus, é sempre melhor sofrer injustiça que cometê-la.

Em Romanos 8:17 temos este texto belíssimo: "Ora, se somos filhos, somos também herdeiros de Deus e co-herdeiros com Cristo. Se com ele sofremos, com ele também seremos glorificados." Se você está sofrendo e continua firme com Jesus, pode acreditar que, na hora certa, será glorificado!

Já fui chamado de ladrão em uma rádio. Alguém espalhou uma notícia e um dos radialistas afirmou: "Esse tal pastor Jorge fica roubando das pessoas." Hoje, naquela mesma emissora, tenho um espaço para o pensamento do dia. Decidi ir lá apertar a mão desse radialista, e ele falou: "Vou tocar a canção *Aleluia* para homenagear o senhor."

Às vezes, é difícil esperar esse momento de Deus, mas persevere. Vale a pena.

> E qual é aquele que vos fará mal, se fordes zelosos do bem? Mas também, se padecerdes por amor da justiça, sois bem-aventurados. E não temais com medo deles, nem vos turbeis; Antes, santificai ao SENHOR Deus em vossos corações; e estai sempre preparados para responder com mansidão e temor a qualquer que vos pedir a razão da esperança que há em vós, tendo uma boa consciência, para que, naquilo em que falam mal de vós, como de malfeitores, fiquem confundidos os que blasfemam do vosso bom porte em Cristo.
>
> Porque melhor é que padeçais fazendo bem (se a vontade de Deus assim o quer), do que fazendo mal.
>
> (1 Pedro 3:13-17).

> Amados, não estranheis a ardente prova que vem sobre vós para vos tentar, como se coisa estranha vos acontecesse; mas alegrai-vos no fato de serdes participantes das aflições de Cristo, para que também na revelação da sua glória vos regozijeis e alegreis.
>
> Se pelo nome de Cristo sois vituperados, bem-aventurados sois, porque sobre vós repousa o Espírito da glória e de Deus; quanto a eles, é ele, sim, blasfemado, mas quanto a vós, é glorificado.
>
> Que nenhum de vós padeça como homicida, ou ladrão, ou malfeitor, ou como o que se entremete em negócios alheios; mas, se padece como cristão, não se envergonhe, antes glorifique a Deus nesta parte.
>
> (1 Pedro 4:12-16).

Eu já sofri injustiças. Neste momento receba para o seu coração: Deus é bom. É melhor sofrer a injustiça do que praticá-la. É melhor passar por lutas e ser glorificado por Deus.

Capítulo 9

> Bem-aventurados serão vocês quando, por minha causa, os insultarem, os perseguirem e levantarem todo tipo de calúnia contra vocês. (Mateus 5:11)

Jr Vargas

A Casa de Pedra, mesmo pedra sendo, sentiu-se frágil e desprotegida. Sua força, antes inconteste, esvaneceu. Sucumbiu diante dos mais fortes que dela tripudiaram. Homens de coração de pedra apedrejaram-na. Deixaram-na despida e esmorecendo. Riquezas que dela eram, apenas eram e jamais foram.

Casa de Pedra é o significado de Zimbábue, um país do sudeste da África que, mesmo sem acesso ao mar, sabe o que é viver em ambiente revolto, sob o impacto das ondas que dão pavor e do céu revestido de trevas. A Casa de Pedra está sob um regime ditatorial. Quem não é a favor, é contra. Quem é contra sofre perseguição. Por isso, muitos buscam refúgio em países com melhores condições.

A Casa de Pedra buscou a Casa de Deus. Entendeu ser ali um ambiente de proteção e socorro, um lugar para cansados e desesperados, templo de paz e fortaleza. Foi assim, pelo menos até uma quarta-feira, 30 de janeiro de 2008, na Igreja Metodista Central de Johanesburgo, África do Sul. Naquela noite, policiais armados invadiram a igreja alegando que estavam procurando drogas, armas e imigrantes ilegais. No entanto, o Bispo Paul Verryn, responsável pela igreja, descreveu a ação como uma violação ao santuário da igreja, conforme declarou à BBC.

Jesus Cristo afirma em Mateus 21:13: "A minha casa será chamada casa de oração." O Mestre referia-se ao texto de Isaías 56:7: "Porque a minha casa será chamada Casa de Oração para todos os povos." A Casa de Deus não é onde Deus mora, mas sim onde seu amor é vivido. O Novo Testamento ensina um conceito de Casa de Deus que revela o quanto precisamos viver esse amor e o quanto somos amados pelo Senhor: "Não sabeis que sois santuário de Deus e que o Espírito de Deus habita em vós?" (1 Coríntios 3:16).

Em Lucas 10, Jesus descreve o que é o amor na prática, a Deus e ao próximo. Conta a história do samaritano que se compadeceu e usou de misericórdia para uma vítima de salteadores. Os legalistas não enxergavam o próximo. Não viam ninguém além deles mesmos. Não gostavam dos samaritanos, que mesmo próximos fisicamente, para eles não eram "o próximo" de que fala a Bíblia. As palavras de Jesus vão além das meras palavras. Falam ao coração. Mudam a perspectiva. Restauram valores.

A notícia que vem da África do Sul dá conta de que a Igreja Metodista Central de Johanesburgo "é amplamente respeitada como abrigo para algumas das pessoas mais desesperadas da cidade". Define-se desespero como um estado de desânimo, de sofrimento a que se sujeita devido a um excesso de dificuldades e de aflições. O Salmo 22:24 afirma: "Pois não desprezou, nem abominou a dor do aflito, nem ocultou dele o rosto, mas o ouviu, quando lhe gritou por socorro." A igreja deve ser o lugar onde socorridos socorrem outros, onde perseguidos acolhem outros, e até perseguidores.

Um perseguidor, vestido de perseguidor, acompanhado por outros perseguidores, vai até Jesus Cristo. Ele é o opressor, o invasor, o ofensor. Ele é o centurião cujo criado sofria horrivelmente de uma enfermidade que já lhe havia tirado a possibilidade de andar. Temia seu superior que a grave doença lhe arrancasse a vida, o que o privaria da chance de conviver com um servo como aquele. Dois extraordinários milagres acontecem. O primeiro, a fé no coração do centurião. A confiança de que a única chance para o servo era Jesus. Ele cria. Saiu de casa em busca de Cristo, determinado como não poderia deixar de ser para uma pessoa habituada à vida militar. Ele reconhece o poder de Jesus e até faz comparações no campo hierárquico. O segundo milagre, do meu ponto de vista menor, foi a cura do servo. O que Jesus fez ao perseguidor? Ele acolheu o opressor, não o rejeitou, não disse "agora você verá". Jesus acolheu o perseguidor de seu povo, representante bélico do império que impunha restrições à sua gente. O Senhor viu no perseguidor o que não havia em muitos perseguidos. Era o opressor, vestido de opressor, e Jesus o coloca ao lado de três grandes ícones da fé: Abraão, Isaque e Jacó, no Reino dos céus. Jesus acolheu o centurião como centurião, para assim vê-lo como irmão.

A maneira como lidamos com aqueles que nos perseguem poderá resultar em profundas e significativas mudanças naqueles que assim agem. A postura de Jesus com seus acusadores sempre foi a de permitir acessibilidade. As reações, "ações estratégicas", podem ser desastrosas e revelarem mais ódio e rancor, que amor de verdade. Nicodemos representava a classe religiosa que sempre perseguiu Jesus Cristo. Mesmo assim o Mestre o recebeu, ouviu o que ele tinha a dizer, interagiu com ele, proferiu ensinamento e acolheu aquele homem cansado de suas letras mortas, perdido em seus rituais vazios. A porta aberta por Jesus a quem o agredia injustamente, em vez de ser uma resposta à altura, foi de abraçar um experiente religioso que estava vendo além do que os demais viam. Jesus não responde ao que Nicodemos perguntou, mas ao que ele queria saber. E, dessa forma, Jesus atingiu o coração daquele que era parte do maior grupo religioso de sua época, responsável pelos ataques mais vorazes ao seu ministério. O Mestre ensina que o perseguidor é também perseguido e, mesmo sendo alvo de tantas injustiças, é ele quem ensina o caminho do amor. E vive essa realidade na prática.

Algumas das razões para cristãos serem perseguidos hoje são parte da triste realidade de não viverem o cristianismo praticado por Cristo. A abordagem fundamentalista e extremista de alguns temas gera perseguições e cobre os ouvidos de milhares de pessoas que, embora sedentas, não querem beber de uma água que nada tem de viva. Parecem águas de um mar morto que mortifica toda espécie de vida. Alguns são perseguidos por apontarem cruelmente os dedos para os que não conhecem Cristo e vivem dissolutamente. Não foi o que Jesus fez ao encontrar-se com uma mulher que viveu ao lado de muitos homens, sem que eles fossem necessariamente casados com ela. A religião como deus pode gerar uma igreja perseguidora, a qual tem prazer em indicar erros e destilar venenosamente ameaças e culpas sobre os que ainda vivem nas trevas. Nesse caso, perde-se a bênção da bem-aventurança, a alegria dá lugar à tristeza, a amargura rompe e a imundície interna gera uma infecção generalizada.

Jesus se apresenta ao povo, falando de si para que todos o conheçam. Ele discorre sobre o que vive. De uma forma única, revela a sua felicidade. Jesus está em pleno desenvolvimento do seu ministério. E isso o faz muito feliz. Procuro imaginá-lo vendo a sede e a fome do povo. Os olhares atentos e transformados. Homens cansados e sobrecarregados que em Cristo encontravam alívio. Mulheres deixadas de lado que agora eram percebidas. Crianças que com ele ficavam à vontade. Famílias e histórias sendo reescritas. Isso o faz muito feliz, mesmo que tenha sido necessário deixar seu lar celestial. Obedeceu por desejo de cumprir a missão que sobre ele estava. Homem se fez, e assim, mesmo sem ter jamais pecado, sofreu as dores e as angústias de ter sobre ele o pecado de toda a humanidade. Valia a pena tudo que deixou pelo que vinha buscar. Jesus diz que "o Filho do homem veio buscar e salvar o perdido", personificado, nessa ocasião, em Zaqueu. O Filho veio buscar outros filhos para que se encontrem com o Pai. O único caminho é o Filho. Por isso ele veio, mesmo que tivesse que sofrer as mais duras perseguições e injustiças. Valia a pena, pois sua motivação era o amor, que nos faz superar a perseguição e ainda nos mantém felizes. O amor nos faz viver a justiça em amor, mesmo que por ela haja sofrimento.

Em Lucas 5:29-32, está escrito: "Então, lhe ofereceu Levi um grande banquete em sua casa; e numerosos publicanos e outros estavam com eles à mesa. Os fariseus e seus escribas murmuravam contra os discípulos de Jesus, perguntando: 'Por que comeis e bebeis com os publicanos e pecadores?' Respondeu-lhes Jesus: 'Os sãos não precisam de médico, e sim os doentes. Não vim chamar justos, e sim pecadores, ao arrependimento'." De onda brota a perseguição? Fariseus e escribas conseguem ser moralistas e legalistas ao mesmo tempo. São moralistas quando não conseguem perceber que Jesus ama Levi e seus colegas que viviam na escuridão do pecado, longe de Deus, e estavam sendo alcançados pela presença poderosa de Cristo. Não conseguem compreender o significado pleno da graça e do amor de Deus. São legalistas quando se sentem superiores aos demais. Quando enxergam o pecado alheio e fingem não perceber os seus. Quando apontam o dedo para o próximo e fogem seus olhos de si mesmos e para amenizar a consciência gostam de falar do pecado do outro. O perseguidor é o detentor da religiosidade, baluarte da mesquinhez e coluna de aparência.

Oito séculos antes de Cristo viveu um singular profeta chamado Amós. Em seu tempo havia uma injustiça dissimulada cuja abrangência se dava em diferentes áreas. Ela estava no campo jurídico: "Porque os juízes vendem o justo por dinheiro, e condenam o necessitado por causa de um par de sandálias" (Amós 2:6); "Porque sei serem muitas as vossas transgressões, e graves os vossos pecados; afligis o justo, tomais suborno, e rejeitais os necessitados na porta" (Amós 5:12). A injustiça estava no aspecto social: "Ouvi esta palavra, vacas de Basã, que estais no monte de Samaria, oprimis os pobres, esmagais os necessitados, e dizeis a vossos maridos: Dai cá, e bebamos" (Amós 4:1). A moral também havia sido afetada: "um homem e seu pai coabitam com a mesma jovem, e assim profanam o meu santo nome" (Amós 2:7b). Até a religiosidade foi atingida: "Aborreço, desprezo as vossas festas, e com as vossas assembleias solenes não tenho nenhum prazer. E, ainda que me ofereçais holocaustos e vossas ofertas de manjares, não me agradarei deles, nem atentarei para as ofertas pacíficas de vossos animais cevados. Afasta de mim o estrépito dos teus cânticos; porque não ouvirei as melodias das tuas liras. Antes corra o juízo como as águas, e a justiça como ribeiro perene" (Amós 5:21-24). Nesse tempo de profundas injustiças, o Senhor Deus levantou um homem simples para falar a líderes. A sua missão era inglória; entretanto, ao cumpri-la, mesmo perseguido, percebe-se em seu texto e no resultado dele que o fim foi a felicidade. A perseguição a Amós veio de onde não se esperava.

O Sacerdote de Betel, Amazias, foi o pivô de uma ação contra o profeta. Ele lidera a perseguição e decreta a expulsão de Amós. Diz o sacerdote: "Vai-te, ó vidente, foge para a terra de Judá, e ali come o teu pão, e ali profetiza; mas em Betel, daqui por diante, já não profetizarás, porque é o santuário do rei e templo do reino."

A religiosidade é perigosa. Alguns que dela se sentem donos tornam-se para si mesmos um deus ou a tornam uma divindade. Produzem ações recheadas de ódio e agressividade. A justiça de que fala Jesus no Sermão do Monte é maior que a social. Ele aponta para o alto e leva o povo a vislumbrar que ele é o único caminho direto para o Pai.

Num domingo de agosto de 2007, um jovem sai de casa às pressas. Em casa, seu pai, um aposentado de 47 anos, morre, vítima de um golpe fatal. Testemunhas afirmaram à polícia que pai e filho discutiram. O motivo, revelado às autoridades, permite ver, mesmo sem entender, o que se passa dentro dos lares e em que tipo de cristianismo se pretende crer. A briga teria nascido porque o pai não queria que o filho fosse evangélico e nem mesmo fizesse um culto em seu lar. Não farei nenhum julgamento sobre a atitude do rapaz. Entretanto, não se pode concordar, em hipótese alguma, com sua ação. Ela é reprovável em qualquer aspecto. Uma contrariedade em se praticar a fé evangélica não pode levar ninguém a agir desta maneira. A Bíblia nos ensina que sempre haverá oposição a se viver a fé cristã. Convivemos com a perseguição desde os primeiros passos com Jesus.

O evangelho tem muitos paradoxos; um deles é o Senhor sofrer no lugar do servo. Veja se consegue imaginar um escravo condenado ao tronco, sendo substituído pelo seu senhor, que recebe os açoites e humilhações em seu lugar. Enquanto o Senhor recebe o castigo, olhamos para as suas marcas e sabemos que elas deveriam ser nossas. Cristo sofreu em nosso lugar, realizando pelos pecadores, num sentido mais elevado, o que se dizia que os sacrifícios do Velho Testamento efetuavam por aqueles que os ofereciam, e ele o fez de maneira semelhante. Algum animal carregava a força do pecado, e para tal precisava ser sem mácula. O animal de alguma forma tomava o lugar do pecador, ao mesmo tempo que prefigurava os sofrimentos vicários de Jesus Cristo e sua morte expiatória. Cristo é o "cordeiro de Deus", o "cordeiro sem defeito e sem mácula". Cristo assume vicariamente o nosso lugar e, pelo sacrifício de si mesmo, obtém uma real e perfeita redenção. O Senhor peleja as nossas lutas. A experiência da conversão de Saulo ilustra com clareza o que acontece: "Seguindo ele estrada fora, ao aproximar-se de Damasco, subitamente uma luz do céu brilhou ao seu redor, e, caindo por terra, ouviu uma voz que lhe dizia: Saulo, Saulo, por que me persegues? Ele perguntou: Quem és tu, Senhor? E a resposta foi: Eu sou Jesus, a quem tu persegues" (Atos 9:3-5). Pensava Saulo que perseguia a indivíduos que professavam a fé em Jesus. Contudo, o perseguido era Cristo, que anunciou a descida do Espírito Santo, o Consolador, prometido para dar poder a fim de que fossem testemunhadas a graça e o amor de Deus revelado em Jesus.

Em meio ao fogo da perseguição, muitos tomam o Salmo 121 como clamor: Elevo os olhos para os montes: de onde me virá o socorro? Para essa pergunta o salmista responde convicto: "O meu socorro vem do SENHOR, que fez o céu e a terra."

Sentir-se pequeno diante do oponente. Sentir-se fraco diante do adversário. Sentir-se desprotegido e vulnerável. A humanidade sabe o que é sentir-se assim. Desde os tempos mais remotos a fragilidade vem sendo descoberta e, em alguns casos, em tempo. A grande novidade ressaltada no texto sagrado é a resposta de Deus para esta inquietação humana.

Deus é o nosso socorro. Por ele gritamos e a ele buscamos. Ele conhece a nossa intimidade e sabe quando queremos parecer corajosos, porém, na realidade, estamos temerosos. Por isso, o Senhor falou três vezes a Josué, quando da sua missão: Sê forte e corajoso. O medo podia não estar estampado no semblante de Josué, então recém-designado líder do povo de Israel. Contudo, Deus, que conhece o coração, fala o que ele precisava ouvir. Assim foi feito com o salmista.

E a prova está no céu e na terra. O mesmo olhar que mira os montes, lugar de onde poderia vir o inimigo, também vê o céu, criado por Deus e marca do seu poder. O texto sagrado nos leva a compreender que o mesmo Deus que fez tudo a partir de sua palavra tem poder e autoridade para nos socorrer em meio à desconfortável situação de insegurança.

As lutas não escolhem hora para chegar. Nem sempre estamos preparados para enfrentá-las. Algumas batalhas são perigosas demais. Os limites são testados a todo instante. Recebemos do Pai força para vencer e assumimos essa realidade, ao sermos apresentados a algumas verdades do Senhor, como as que lemos em Isaías 41:10.

"Não temas, porque eu sou contigo; não te assombres, porque eu sou o teu Deus." Não temer por não temer parece não ser uma possibilidade. A única saída viável para deixar de temer está em descobrir-se acompanhado por Deus. Ao nos despedirmos de alguém, podemos dizer "vai com Deus". Nem sempre o que diz e o que ouve entendem a dinâmica dessa afirmação. Saber da presença de Deus ao nosso lado é o que nos garante o não temer. Ele é quem nos dá segurança. A nossa confiança tem base nele, jamais em nós mesmos.

"Eu te fortaleço, e te ajudo, e te sustento com a minha destra fiel." A mão do Senhor está estendida em nossa direção. De Deus recebemos algumas bênçãos extremamente importantes: ele nos fortalece — sabe quando nos sentimos fracos e até pensamos em desistir? Sabe quando ficamos tão cansados a ponto de não aguentar mais? Nessas horas o nosso Deus nos fortalece e nos leva a vencer. Ele nos ajuda — existem pessoas que não gostam de pedir ajuda a ninguém. Saiba que em algumas fases da nossa vida precisamos da ajuda do nosso próximo. Em outras, somente Deus pode nos ajudar. E essa é a promessa do texto sagrado. O Senhor, o Todo-poderoso, o grande Rei, ele nos ajuda. Ele nos sustenta — que grande paz é gerada em nosso coração. Mesmo não sabendo como serão as nossas lutas, há uma certeza: o Senhor nos sustentará. A destra fiel de Deus nos protege e derrama a serenidade, a paz e a segurança.

Paulo sofreu as dores da perseguição em seu corpo. Diz ele: "Cinco vezes recebi dos judeus uma quarentena de açoites menos um; fui três vezes fustigado com varas, uma vez apedrejado, em naufrágio três vezes, uma noite e um dia passei na voragem do mar; em jornadas muitas vezes, em perigos de rios, em perigos de salteadores, em perigos entre patrícios, em perigos entre gentios, em perigos na cidade, em perigos no deserto, em perigos no mar, em perigos entre falsos irmãos; em trabalhos e fadigas muitas vezes; em fome e sede, em jejuns muitas vezes; em frio e nudez" (1 Coríntios 11:24ss). O apóstolo descreve, sem muitos detalhes, alguns dos sofrimentos resultantes da perseguição que ele precisou enfrentar. O fato de sermos cristãos não nos assegura a ausência de sofrimento. Lembre-se de que o nosso Senhor também sofreu, e de forma singular. Ao longo dos anos muitas doutrinas "antissofrimento" têm surgido, talvez procurando uma forma de lidar com situações adversas na vida dos crentes. Crer não é garantia de não sofrer. Não devemos nos preocupar se temos de passar para a glória celestial por meio de muitas aflições, visto que elas, comparadas com a grandeza daquela glória, se tornam de diminuta importância.

As perseguições sempre aconteceram e continuarão a acontecer. O cristianismo não faz um culto ao sofrimento, contudo também não o omite. Não se prega o caminho do sofrimento humano para alcançar a justiça. Entretanto, todo aquele que decide ser justo e praticar a justiça será alvo de perseguição. Nem sempre de onde se espera.

Sobre os autores

Davidson Freitas

É gerente executivo de planejamento e estratégia da Junta de Missões Nacionais da Convenção Batista Brasileira e professor do Seminário Teológico Batista do Sul do Brasil. É também pastor da primeira Igreja Batista em Heliópolis (Belford Roxo, RJ).

Elcemar Almeida

É formado em Teologia e professor de Teologia do Novo Testamento. Pastor-presidente das Igrejas Evangélicas Reviver em Cristo (IERC).

Frei David Olm

É membro da Ordem dos Frades Menores (OFM). Formado em Filosofia e Teologia com especialização em Teologia Sistemática e mestrando em Teologia Litúrgica com ênfase em Inculturação. Há mais de 20 anos dedica-se a trabalhos junto à comunidade afrodescendente, o que fez com que, em 2004, recebesse o título de Cidadão Paulistano.

Guilhermino Cunha

É presidente do Supremo Concílio da Igreja Presbiteriana do Brasil e pastor da Catedral Presbiteriana do Rio de Janeiro. Possui doutorado em Ministério, pelo *Reformed Theological Seminary*, Orlando (EUA).

Jorge Linhares

É presidente do Conselho de Pastores do Estado de Minas Gerais (CPEMG), vice-presidente do conselho de Ministros Evangélicos do Brasil (CIMEB) e pastor-presidente da Igreja Batista Getsêmani, em Belo Horizonte. É conferencista internacional, tendo ministrado na Europa, nos EUA, na África, no Oriente e em toda a América do Sul. Autor de sucesso, possui mais de 150 obras dedicadas a assuntos na área familiar e de liderança.

Jr Vargas

É pastor presbiteriano e professor, formado em Comunicação Social e Teologia, atual secretário-geral do trabalho da adolescência da Igreja Presbiteriana do Brasil e mediador do programa *Debate 93*, na rádio 93 FM, no Rio de Janeiro.

Lucas Ribeiro

É teólogo formado pela *Trinity Evangelical Divinity School*, em Illinois. Atualmente é pastor da Union Church of Rio de Janeiro.

Arquiteto e pós-graduado em História da Arte pela PUC-RJ, Lucas também é compositor de músicas evangélicas gravadas por artistas da mídia gospel, como *Paz do Senhor* e *Senhor do Universo*.

Noélio Duarte

É fonoaudiólogo, fisioterapeuta, teólogo, pastor evangélico, escritor, membro titular e capelão da *Academia Evangélica de Letras do Brasil*. É também apresentador do programa *Reencontro*, na TV Brasil.

William Douglas

É juiz federal, mestre em Direito e professor universitário. Autor dos livros *Criando campeões*, publicado pela Thomas Nelson Brasil, *A maratona da vida — um manual de superação pessoal* e *Como passar em provas e concursos*, entre outros, com mais de 350 mil exemplares vendidos. Já ministrou palestras para mais de 750 mil pessoas.

Este livro foi composto em Bembo 12/17 e impresso
pela Ediouro Gráfica sobre papel
Pólen Soft 70g em 2009.